OMOTENASHI KYOTO

contents

- 4 おもてなしとは何ですか？
- 6 京都 大切な人を連れていきたい店
- 60 おもてなしアンケート
- 65 京都ショッピングマニュアル　KYOTO SHOPPING MANUAL
- 82 おもてなしランチ
- 88 金曜は夜更かし ええ感じ BAR
- 96 金曜は夜更かし 千鳥足土産
- 100 ÉCLAIR COLLECTION
- 104 MAP
- 110 INDEX

- 34 もっとローカルに楽しむなら聖護院へ

Column
- 62 Column ART
- 64 Column STAY
- 81 Column MARKET

※本誌に掲載されている情報は、2015年1月現在のものです。
※料金や時間などの各データは、季節や日時の経過により変わる場合がありますのでご注意ください。
※お盆、年末年始の休みは通常と異なる場合がありますので、各掲載先へお問い合わせください。
※掲載されている料理写真はイメージです。仕入れの都合や季節により内容が変更になる場合がございます。予めご了承ください。

OMOTENASHI KYOTO

「おもてなしとは、人に喜んでもらうこと」

紹介がないと入れないお店の方に教わりました。
喜ばせたい相手を知ることが、「おもてなし」の第一歩だと。

よこしまな心がなく、誰かに喜んで欲しいと自発的な気持ちに
従い行動すること。受けた側は、同じくらいの比重で喜びを感じ、
自然に感謝の気持ちを表現すること。

この本は、会食や手土産など、食を通して行う「おもてなし」
に役立つ情報を掲載していますが、誰に対してもパーフェクト
ではありません。

もてなす相手をよく知り、選び、下見をする。
結果、相手が喜び、自分も嬉しい。

そんな純粋な「おもてなし」に役立つことが、この本を作った
私たちの願いです。

おもてなしとは何ですか？
OMOTENASHI

公長齋小菅
常務取締役　小菅達之さん

「どれほど相手を歓迎しているかをできるだけ体現します」

　自分がどれくらい歓迎しているかを、相手に伝わるように表現しています。小さなプレゼントを用意することもありますが、喜ばれるのは心をオープンにして接したとき。例えば、お酒好きの方ならバーなどにもお連れしますね。それまでの会話から相手の好みを探り、僕がいつもインスピレーションをもらっている行きつけから選択。どこも内装やインテリアなどが気に入っているのですが、押しつけないように気をつけながら、まずはそのことを相手に伝えます。食事の場とはまた違い、バーは特に会話を楽しむために作られた空間。会話はビジネスだけではなく、パーソナルな話題へ。「仕事だけではなく、人と人としての関係を作りたいから、とっておきの場所に連れてきた」という思いが伝わった時、相手は大切にされていると気づき、喜んでくれるようです。

聖護院八ッ橋総本店
専務取締役　鈴鹿可奈子さん

「お顔が思い浮かぶくらいいい関係を築くこと」

　身近な人にも、きちんと気持ちを伝えることを心がけています。例えば、お礼状。常に用意している絵はがきや便せんから、相手の好みを想像してすぐに書くようにしています。私の母が自筆の手紙を書くのですが、幼い私は「ちゃんとお手紙を書きなさい」とよく注意されました。この頃から、"人を思う習慣"がついたのかもしれません。人とよく話し、自分の好みや価値観との共通点を見つけるのもその一つです。そうすると贈り物をする際、受け取るときの相手の表情がなんとなくわかる気がします。ある時は、相手がまさに買おうと思っていたものを贈り驚かれました。そのことはお互いの心に刻まれ、"エピソードまでがプレゼント"になりました。かしこまらずとも「これをしたら、喜んでくれそう」と、浮かぶ顔。その方とはいい関係が築けているのだと思います。

食堂おがわ
小川真太郎さん

「普段から"世間値"を上げる努力を怠りません」

食事でいうと、日常的に幅広い店に訪れて"世間値"を上げておく必要があると思うんですよ。大切な客人が来るからと、慌ててネットや雑誌で探してもそれは危険です。いつも自分が行っている店リストの中から、その人に合った店を選ぶのが賢い方法だと思いますね。そのリストを作ることを含め、僕は"世間値"と呼んでいます。もちろん、はじめは雑誌などで調べてもいいのですが、まず自分が行ってみること。最終的には、行かなくても自分が納得する店を判断できるようになりたいですね。そして、ここぞというお気に入りが数軒できたら、それ以上のリストは店やそこのお客さんとの情報交換で更新していけます。僕も、日々、"世間値"UPのために外食をしています。経費がかさんで、奥さんに怒られてますけど…。

お客さんが見えなくなるまで見送ること？
高価なプレゼントを贈ること？
おもてなしに正解はあるの？
京都で活躍する5人が実践している
おもてなしって、何ですか？

開化堂
六代目　八木隆裕さん

「自分たちの普段の楽しさをうまくシェアしています」

僕たちが普段行っているところに連れて行くのが、いちばんのおもてなしなのかな？と思います。例えば、海外の方が東京に長期滞在の後の京都訪問なら、夕食は焼き肉に。海外のバイヤーさんをホテルまで迎えに行った時は、[河井寛次郎記念館]にお連れし、民芸の時代背景を説明してから、店舗で製品を説明する。さらに、僕の車はレースに出るような派手なスポーツカー[ランチア・デルタ]。その車で送り迎えも受けがいいですよ。初対面の人、特に外国人には初めに名刺を渡しません。それよりも先に、パーソナルな関係性を構築することを優先します。パーソナルな希望を探して、その人の喜ぶことを見つける。表面的なことより、僕たち自身が楽しいと思うことを、その人たちとうまくシェアできたとき、すごく喜ばれるんです。

細尾
取締役　細尾真孝さん

「お金で買えないプライベート感を演出すること」

海外の老舗靴ブランドの工場見学のために、パリ郊外に行ったときのこと。そこのオーナーがプライベートジェットで、僕たちをパリまで迎えに来てくださったのです。その歓迎の仕方に感動し、僕なりに理由を考えたところ、"プライベート"、"ローカル"、"人"に辿り着きました。そのオーナーご夫妻が京都に来られた時、僕は心を込めておもてなしをしたのですが、それが大成功でほっとしました。普段にお見せしていない弊社の工房で、職人の仕事振りを見て伝統工芸に直接触れてもらう、食事はホームパーティを意識して、岡崎の[洛陽荘]で仕出しを頼み、友人を招き一緒に楽しい夜を過ごしました。ここでのキーワードは"人"。高級なことが条件ではなく、僕のプライベートを紹介したことで、ある特別感を演出できたのがよかったのだと思っています。

5人の素顔がわかるアンケートはP60

京都
KYOTO

大切な人を連れて行きたい店

まず、大切な相手の顔を思い浮かべながら、この本を開いてください。

そして、写真と#に「ピン！」と来たら、本文を読んで下さい。本文は、その店の「人」について多く書かれています。

「質のいいおもてなし」かどうかは、その場の空気を作る人に左右されるからです。

この店の人と、今回の相手は気が合うかな？

そんなことまで考えて店を選ぶ人のために、この本は作られています。

二条 椿
二条寺町

一輪の椿が似合う
茶の湯を思わせる美しさ

　和の文化の根底にある「わび、さび」を表したような佇まいが美しく、「こんな店に行き慣れれば、格好良いな」と思わせる割烹。しつらいや食器、もちろん料理まで良いものを集めて、客を喜ばせようという徹底したこだわりが見て取れる。店を任されている若き料理長の立ち居振る舞いも印象的。スッと延びた背筋と高下駄の音までもが店に馴染み、そこはかとない緊張感を生んでいる。料理はコースのみで、10品ほどが登場する。ゆっくりと時間を掛け、美酒とともに味わいたい。

＃路地奥 ＃町家 ＃カウンター ＃若い料理長 ＃隠れ家

OMOTENASHI KYOTO

料理は旬を追って変わってゆくけれど、通年で供されるのが和牛の天ぷら。泡雪醤油という黒胡椒とメレンゲを合わせた醤油でいただき、口の中でスッと溶ける。この日の先付は白魚の玉締め。シンプルがゆえにダシの力が発揮されるひと品。昼は3000円、5000円の2種で、夜は8000円、1万円、1万2000円、1万5000円(以上税別)の4種

information
二条 椿(にじょう つばき)
住所：京都市中京区二条通寺町東入ル南側榎木町92-12
TEL：075-256-2882
営業時間：12：00〜24：00(LO／21：00)
定休日：不定休
席数：カウンター8名、2階個室6名
オープン日：2011年8月

map.P107_④

昼コース3000円、夜コース8000円〜　全席禁煙　カード夜のみ可　要予約　Charge Service 無　子ども入店不可

OMOTENASHI KYOTO

泉涌寺 齋華

泉涌寺

食事で感動できるということは
本当に幸せだと思う

全8〜9品が登場するコース。写真は前菜でマグロをトリュフオイルとオリジナルのソースでいただく一品。マグロは一週間熟成させ、ねっとりと濃厚な味わいに。そこに生のくらげが食感の妙を与えている。看板料理の"アワビ麺"は8時間蒸したあわびが至極柔らかで、四川大豆ソースの香ばしさがアクセントとなっている。特注の麺に合わせてあるのはあわびの肝ソース。好みですだちをしぼっていただく

information

泉涌寺 齋華（せんにゅうじ さいか）
住所：京都市東山区泉涌寺山内町35-3
TEL：075-201-3239
営業時間：12：00〜、18：00〜
定休日：不定休
席数：カウンター8名
オープン日：2014年5月

map.P108_⑤

 夜コース1万2000円　 全席禁煙　 カード可　 完全予約　 サービス料10%　子ども入店可

OMOTENASHI KYOTO

　泉涌寺の境内、悲田院に寄り添うようある一軒家が、祇園［婆娑羅］で人気を博したシェフ齋藤博人さんの新しい舞台。気軽に行けるとは言えないこの場所を選んだ理由は「自然を見ながら食べると、料理って美味しいと思うんです」と齋藤さん。さらには「わざわざ食べに来て下さるお客様の期待を裏切ってはいけない」という自分への挑戦でもあることを教えてくれた。中華料理というフィルターを通して表現される齋藤さんの料理はすでに大勢を魅了しているが、まだまだ進化は止まらないだろう。

隠れ家 # わざわざ行きたい

OMOTENASHI KYOTO

鯛の造り、まずは何もつけずに、歯応え、甘みをじっくり味わう。あとは塩、わさび、醤油、ポン酢など好みで。祇園近くの清水出身。器は同級生が営む清水焼を、地酒は料理人になったときから信頼する酒屋、名刺も友人のデザイナーに依頼。魚型のパンチは、一枚ずつ遠藤さんが手作業であける

ぎをん遠藤
祇園

一度味わったらまた食べたくなる
明石で捕れた天然鯛のひと切れ

店主・遠藤功太さんは、京都の創作居酒屋で料理人をスタート。祇園の料理店、魚屋を経て、1年間東京へ。戻ったときに、京都での当たり前が全国レベル以上であることに気づく。父親が有名な魚の仲買人という恵まれた環境から、明石の天然鯛の造りをウリにした店を26歳でオープンさせた。すぐに話題となったのは、その味だけではない。彼は、「現在ないものを創る」がポリシー。アラカルト、予約なしで、それも祇園でという他店が真似できないことをし続けているからだ。

#祇園 #鮮魚 #カウンター #路地奥 #深夜営業
#若い店主 #隠れ家

information

ぎをん遠藤(ぎをんえんどう)
住所：京都市東山区祇園町北側347-118 楽宴小路内
TEL：075-551-7271
営業時間：18：00〜翌2：00
定休日：日曜、祝日休
席数：カウンター8名、テーブル4名×2
オープン日：2011年11月

map.P106_③

 8000円　 全席禁煙　カード可　予約がベター　無　子ども入店可

OMOTENASHI KYOTO

OMOTENASHI KYOTO

創業10年、唯一コースに登場し続けている「サーロインのしゃぶしゃぶ」の下処理をする。余分な脂を取り除けば口当たりが均一になる。このひと手間で、食べた時の感動が一層引き立つ。愛用の包丁は同級生が働いているという［有次］のもの。コロッケを熱々のまま提供したいと特注で作った真鍮の器など、最高の状態で味わって欲しいという思いが感じ取れる

三芳
祇園

生産者によって特徴を見抜く
肉の個性を引き出す店主

今までに出合ったことのないような肉料理を創作し、確かな一皿に磨き上げて提供し続けている店主、伊藤さんの店でいただけるのは、前菜・八寸・向付と続くコース一種のみ。もちろんどの皿にも肉が使われるのだが、テールからとったダシに炭火で炙ったフグの白子を合わせるなど、創意に満ちている。生産者によっても異なる繊細な肉の味わいを見極め、それを引き立てる料理は感嘆もの。内容は月替わりで、終盤に登場する和牛ステーキの部位の値段により1万2000円〜1万7000円（税別）となる。

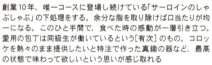

information

三芳（みよし）
住所：京都市東山区祇園町南側570-15
TEL：075-561-2508
営業時間：18:00〜22:00(LO)
定休日：日曜休（月曜が祝日の場合は日曜営業、月曜休）
席数：カウンター6名、テーブル12名
オープン日：2005年11月

map.P106_ ③

コース1万5000円〜　全席禁煙　カード可　完全予約　席料500円　子ども入店不可

御食事処乃 福松

衣棚六角

烏丸御池のほど近くで
お決まりから始める楽しい夜

本日の一汁三菜は、つぶ貝と菜の花、わかさぎの南蛮漬け、カブと油揚げの炊き合わせに、小芋の唐揚げやブリの味噌漬けなど10種もの料理が美しく盛られた八寸。もちろんどれもお酒に良く合う。〆に鯖とセリの土鍋ごはん1800円（税別）を合わせれば一日の締くくりが幸福感で包まれるはずだ。カウンターならではのライブ感と店主との会話も楽しみのひとつ

　席に着くとまず出されるのが一汁三菜1620円（税込）。日替わりの小鉢2品に週替わりのお椀、月替わりの八寸を順番に味わった後、好みでオーダーするのが店の決まり。刺身、煮物、揚げ物とそれぞれに旬を味わえるが、常連客が楽しみにしているのがウナギカツサンド1500円やマカロニサラダ400円（以上税別）といった、食堂的一品。割烹というスタイルをとりながらも、客の心をキャッチする遊び心が垣間みれる。飲んで食べて5000円あれば十分というコストパフォーマンスにも脱帽。

#町家 #カウンター #割烹初心者OK #隠れ家

information

御食事処乃 福松（おしょくじどころの ふくまつ）
住所：京都市中京区衣棚通六角上ル了頓図子町475-6
TEL：075-741-7138
営業時間：18：00〜24：00(LO／23：30)
定休日：不定休
席数：カウンター13席
オープン日：2011年5月

map.P107_④

¥ 4500円　全席禁煙（喫煙スペース有）　カード不可　予約がベター　Charge Service 無　子ども入店可

御料理 たまりや
祇園

女将さんの笑顔に心がほどける
祇園町南側で緊張しない実力店

　女将の今井文恵さんは、祇園でお店を始めて10年以上の経験があるが、堅苦しく、肩が凝るようなイメージは全くない。いつも店内には彼女の笑い声が絶えない、本格和食を提供する料理店。とはいえ、カジュアルな空気感はなく、いたって上品だ。現在の料理長平舘亮祐さんは、幕末から続く西陣の老舗［魚新］で8年、割烹［御幸町つばき］で2年修業した腕利きの料理人。肉料理や麺類、時にはグラタンまで、月2回以上来てくれる常連さんにも飽きられない工夫をする。

#祇園 #カウンター #京都食材

information

御料理 たまりや（おりょうり たまりや）
住所：京都市東山区祇園町南側
TEL：075-541-5670
営業時間：17：30〜23：00
定休日：日曜休、他月1回不定休有
席数：カウンター6名、テーブル8名
オープン日：2014年9月オープン

map.P106_③

料理はコースのみ。お造り、焼き物、お肉、土鍋ご飯など、ひと月で2回目の訪問の際は、メニュー変更に対応している。松茸やカキなど季節の土鍋ご飯は一組ずつ炊いてくれる

コース8000円〜　全席禁煙　カード不可　コースは前日までに要予約　Charge Service 無　子ども入店不可

cenci

岡崎

オープンを待ちわびた人多数
話題を呼ぶリストランテ

生産者のもとへ足を運び作り手の気持ちを理解し、ゲストへ伝える料理を提供してくれる店が2014年末に誕生した。指揮をとるのは[イル・ギオットーネ京都店]で料理長を任されていた坂本さん。シンプルかつ、記憶に刻まれる料理はさすがと思わせるものばかり。店の建設中から「信楽で煉瓦を作ったり、スタッフ自らが店の工事をしたりしている」と話題になっていた店内も見所のひとつで、蹴上にあるインクラインの歩行者用通路に施された工法"ねじりまんぼ"が再現されている。

新店　# 予約がとれない

information

cenci（チェンチ）
住所：京都市左京区聖護院円頓美町44-7
TEL：075-708-5307
営業時間：12：00～15：30(LO／13：30)、18：00～23：00(LO／20：00)
定休日：月曜休、日曜不定休
席数：テーブル16名、個室4～6名
オープン日：2014年12月

map.P105_②

ランチは5940円と1万1880円（前日までに要予約）。ディナーは1万1880円(以上税込)。写真はいずれもディナーより。素材の力を信じて供される一品は芸術的。予約は来店日の2ヶ月前の午前10時より受け付け開始

ランチ 5940円～、ディナー1万1880円　全席禁煙　カード可　要予約　チャージ無　子ども入店可

精米80%の「金亀白80」、は昭和40年代に通常されていた精米歩合で素直に米の味を表現している。日本酒初心者には、磨きが多いタイプが飲みやすい。自家製の西京焼きは、酒を美味しく飲むために完成したメニューと言える。食感で新鮮とわかる、活たこのたたき780円(税込)

遊亀 祇園店

祇園

「日本酒を美味しく」に向き合い
万全の準備で客を迎えてくれる

米作りが盛んな湖東平野の真ん中、滋賀県犬上郡豊郷町で150年以上続く酒蔵[岡本本家]直営の居酒屋。蔵から直送される清酒「金亀」は、最高精米純米大吟醸酒「藍40」(グラス620円)から、「青90」(グラス250円(以上税込)まで12種類。数字は精米度合いで、高いほどスッキリする。常連は食べたい造りが選べる三種盛りからスタート。生ウニ、本マグロ中トロ、天然真鯛を選んでも1600円(税込)とは驚きだ。店長の田中さんやスタッフがきびきびと動く姿には感心。接客に厳しい人も安心してお連れできる。

#祇園 #カウンター #酒蔵直営 #日本酒 #京都素材

information

遊亀 祇園店(ゆうき ぎおんてん)
住所：京都市東山区富永町111-1
TEL：075-525-2666
営業時間：月～金曜17：00～23：00(LO／22：30)、土曜、祝前日24：00(LO／23：30)
定休日：日曜、祝日
席数：カウンター28名、2F座敷40名
オープン日：2009年12月

map.P106_③

2800円　禁煙席無　カード不可　カウンターのみ予約不可　2Fのみ先付け300円　子ども入店可

和風肉料理 藤むら

仏光寺油小路

"焼きしゃぶ"という新スタイルで旨い肉を食べさせる和風焼き肉店

店名に"和風"とあるのは、韓国風の焼き肉店と一線を引くため。赤・白味噌、コチュジャン、豚ミンチを混ぜたタレをかけた肉を、さっと焼いた後は牛スープの洗いダレにくぐらせ、余分な油と熱をとる。薄くスライスした牛肉を炙り、ポン酢で食べる"焼きしゃぶしゃぶ"は、この店の名物。ご主人・田村さんが仕入れる［岡崎牧場］の出荷証明書付き近江牛の旨さを損なわない食べ方は、日本人ならではだ。メーカーでは修理不可なガスコンロが現役であることにも、田村さんの誠実な仕事振りが見える。

肉 # 近江牛 # わざわざ行きたい

information

和風肉料理 藤むら（わふうにくりょうり ふじむら）
住所：京都市下京区仏光寺通油小路西入ル喜吉町161
TEL：075-341-1489
営業時間：17：00～22：00(LO／21：30)
定休日：水曜
席数：カウンター8名、テーブル5名、座敷5名×2
オープン日：1983年12月

map.P107_ ④

いちぼステーキ（100g）1200円、焼きしゃぶしゃぶ1500円、上タン1300円（以上税別）、タレ焼きと食べ進むのが理想。この建物、元は奥さんの祖母の住居。彼女の姓"藤岡"に、ご主人の姓をくっつけた屋号は、敬意の表れ

¥ 6000円　禁煙席無　カード不可　予約がベター　Charge Service 無　子ども入店可

OMOTENASHI KYOTO

日本料理 さかい

御所南

丹波篠山出身のアイデア料理人
〆はだし巻きとトッピング茶漬け

夜のおまかせ料理6500円（税込）から、先付、椀物、お造り、炭火焼きの魚（季節により小鍋）、酢の物、肉料理、土鍋で炊いたご飯、だし巻き卵、お茶漬け、月替わり。丹波篠山の器に美しく盛られる

丹波篠山出身の酒井俊二さんが営む日本料理店。神戸や大阪で経験を積み、2006年に京都北山で開店、2014年に御所南へ移転した。大原の野菜や淡路島で捕れた天然魚など、季節に合わせて客が求める素材を厳選し、調理も肉や魚を炭火で焼き、一貫して手間を惜しまない。料理には真面目に向き合う彼だが、ユーモアも持ち合わせていて、店の空気がやわらかいのはそのため。ぶぶあられ、ちりめん山椒、海苔と薬味たっぷりのだし茶漬けとだし巻きが登場。さらにスイーツと季節の飲物でカジュアルに締める。

季節料理　# カウンター　# ランチ

information
日本料理 さかい（にほんりょうり さかい）
住所：京都市中京区御幸町通丸太町下ル毘沙門町553 御幸町ビル102
TEL：075-231-6901
営業時間：12:00～13:00(最終入店)、18:00～20:00(最終入店)
定休日：水曜
席数：カウンター最大7名、テーブル最大8名、最大合計11席
オープン日：2014年6月移転

map.P107_ ④

 昼コース3500円～、夜コース6500円～　 全席禁煙　 カード不可　 要予約　Charge Service 無　子ども入店可

神馬
千本中立売

まさに"酒場"というべき
老舗居酒屋の佇まい

京都の酒場を語る上で避けては通れない一軒。蔵のような年季の入った店構えは、風格を感じさせる。創業は昭和9年で、現在二代目の酒谷さんとお母さん、三代目の息子さんと家族で営まれている。料理もしっかりと味わえるので、灘の日本酒を6種ブレンドする清酒「神馬」に合わせたいのは、ホワイトボードに並ぶ日替わりの魚料理。目利きの良さが際だつものばかりだ。京都駅からタクシーで約30分、交通の便が決していいとは言えない場所だが、わざわざでも行く価値が十分にある。

カウンター # 酒場 # わざわざ行きたい

information
神馬(しんめ)
住所：京都市上京区千本通中立売上ル玉屋町38
TEL：075-461-3635
営業時間：17：00〜21：30
定休日：日曜休
席数：カウンター30名
オープン日：1934年

map.P104_①

長いカウンターが特徴、1人でも居心地の良い空間は、満席になることも多く、確実に入りたいならぜひ予約を。ちょうどよい塩加減の鯖ずしは4貫1200円、車海老天ぷら1600円、鯨ベーコン1600円なども人気。清酒一合500円〜（以上税別）

 6000円　 禁煙席無　 カード不可　 予約がベター　 無　 子ども入店不可

シンプルに料理とワインを楽しむ
それが喜びと改めて感じる

Osteria Coccinella

高倉仏光寺

　2012年に烏丸御池より現在の地に移転、長年あたためていた夢を形にさせたという店は、店内の設えから食器にいたるまでオーナーシェフの愛情が込められている。黒七味やイカスミを練り込んだ自家製のパスタ、テリーヌなど自慢の一品に合わせたいのはやっぱりワイン。ワインセラーの中にはマニアックといっても過言ではない銘柄がギュウギュウに詰まっている。休日にアンティークショップで発掘しているという、古九谷や古伊万里の皿も美しく料理が映える。

#町家　#イタリアン　#ランチ営業あり

牡蠣のオイルソース 柚子を練り込んだタリオリーニは1500円(税抜)。シンプルな味付けで牡蠣の旨みを堪能できる。紫・赤・緑の色合いが美しい大根は柔らかでそれぞれに特徴のある味わい。冬になると魚介系や根菜が多く登場、春〜夏は肉料理がメニューリストに上がることが多い。ランチタイムは1000円〜2000円、パスタなどアラカルトから選んだ一品にパンがつく

information

Osteria Coccinella（オステリア コチネッラ）
住所：京都市下京区高倉通仏光寺東入ル新開町397-2
TEL：075-365-4300
営業時間：18：00〜23：30(LO／23：00)、木〜日曜12：00〜14：00のランチタイムも営業
定休日：月曜(祝日の場合は翌日、月1回連休有)
席数：カウンター8名、テーブル10名
オープン日：2012年6月移転

map.P107_ ④

 夜5000円　 全席禁煙　 カード不可　 予約がベター　 夜のみチャージ300円　子ども入店可

先斗町の路地奥の釜めし割烹
探しながら行く隠れ家感もいい

接待や大切な会食に間違いないと地元人から信頼が厚い。釜めしは、出来上がりまで30分程度かかるため、早めにオーダーしよう。まぜまぜは単品なら1944円(税込)、コースにも付く。コースは約9品で8640円(5%サ別)

釜めし割烹 あげ半

先斗町

information

釜めし割烹 あげ半(かまめしかっぽう あげはん)
住所：京都市中京区先斗町通四条上ル鍋屋町209-5 21番路地奥
TEL：075-241-0626
営業時間：17：00～22：00(LO)
定休日：日曜(祝日の場合は翌日)
席数：座敷カウンター7名、座敷テーブル4名、個室最大4～8名(チャージ10%)
オープン日：2011年4月

map.P107_ ④

観光客がひしめく狭い先斗町通。さらに細い路地を入ったところにあり、辿り着くまでもワクワクする。地元以外の人をお連れするなら、路地に掲げられた「通り抜けられません」のちどり看板のうんちくを語ろう。京都の北部、舞鶴市で40年以上続く同店の長男堀口仁司さんが始めた、正当派の和食を提供する店の名物は、本店の味を受け継ぐ、釜めし。季節ものを含め常時5、6種類が用意されている。定番は多種の具材が入っている「まぜまぜ」。このネーミングセンスに彼の暖かさを感じる。

路地奥　# 釜めし　# カウンター　# 先斗町　# 個室

¥ 8000円　禁煙席有　カード可　要予約　サービス料5%　個室のみ子ども可

RIGOLETTO
SMOKE GRILL & BAR

祇園

一見さんお断りエリアに現れたカジュアルに食事を楽しめる店

この店は、東京を中心に20店舗のモダンなレストランを持つ[HUGE]が経営する。京都人が祇園で会食の場合、接待や観光案内など、食事以外の目的も持っていることが多いが、地元人に嬉しいのは、洗練された雰囲気と気軽さ。2階の祇園祭の鉾を模したインテリアなど、京都テイストをスパイス程度に取り入れたセンスの良さがちょうどいい。ナポリから取り寄せたピッツァ窯や日本で珍しいスペインの薪窯オーブンを使った料理は、社会人1年生でも、ご馳走できる価格だ。

#祇園 #カジュアル #薪窯ピッツァ #ランチ #個室

information
RIGOLETTO SMOKE GRILL & BAR
（リゴレット スモーク グリル アンド バー）
住所：京都市東山区祇園町南側570-192 勢州楼内
TEL：075-532-0112
営業時間：11:30〜翌2:00(LO／翌1:30)、ランチ11:30〜15:00(LO)
定休日：無休
席数：1Fカウンター8名＋スタンディング、テーブル62名、2Fテーブル60名、個室8〜10名(夜のみチャージ1万円)
オープン日：2014年11月

map.P106_③

タパスとスモークグリル、パスタ、ピッツァをメインに、メニューは70種程度。タパスは300円〜。ボトルワイン2500円均一。高温の薪窯で一気に焼き、香りが素晴らしい自家製スモーク水牛のモッツァレラ、水牛のモッツァレラ、チェリートマト、バジルのピッツァ レジーナ(10inch)1900円。スペインの薪窯オーブン[Josper]で、じっくり焼いたローストチキン1600円(以上税込)

昼1500円、夜3500円　禁煙席有　カード可　カウンターのみ予約不可　18:00以降コペルト350円、22:00以降10%　1Fのみ子ども可

酒酪菜 HANAMITSU

下立売智恵光院

西陣にある心地よい町家には
シェフの人柄が表れている

町家をリノベーション、雰囲気ある格子戸が残され、個室からは坪庭が眺められる。写真は夜のアラカルトの一例で、マルタリアーティ ランプレドットと白いんげん豆のソース1600円、日向牧場さんの手作りブルーチーズのペンネ1700円(以上税込)など

夜は気軽にアラカルトを、昼は一転して1日1組限定で贅沢なフルコース7200円（税込）のみを提供するという、好奇心が刺激されるイタリアン。これまでに［アペルトゥーラ］［クッチーナ 東洞］で腕を振るってきた、この道37年の松原さんがもてなしてくれるのでどちらをチョイスしても間違いない。チーズプロフェッショナルの資格を持つというマダムの選んだチーズ盛り合わせも用意され、じっくりと美食を楽しみたい人にぜひ訪れて欲しい一軒だ。気さくなシェフとの会話を楽しみにしている人も多い。

町家　# 西陣　# 贅沢ランチ　# 個室　# 庭

information
酒酪菜 HANAMITSU（しゅらくさい ハナミツ）
住所：京都市上京区下立売通智恵光院西入ル下丸屋町514
TEL：075-406-1478
営業時間：11：30〜14：00、17：30〜22：00(LO／21：30)
定休日：不定休
席数：カウンター10名、個室4名
オープン日：2013年12月

map.P109_⑦

昼7200円、夜4000円　　全席禁煙　　カード不可　　昼は要予約、夜は予約がベター　　コペルト300円　　子ども入店可

OMOTENASHI KYOTO

コースは5400円〜、店のおすすめは8600円のコース（以上税込）。天然鮮魚中心に8、9品で構成。写真は、伊根のクエと海老芋、かぶらのみぞれがけ。力強い野菜を選んでいるので、かぶらをすっただけで十分な味をだせる。酒は福島、山形が中心。冬の名物間人蟹は、11月6日〜11月末と2月後半〜3月20日まではお値打ちになる

西陣 はしもと

大宮今出川

食事を楽しむ上級者が若き店主を信用して訪れる

　毎朝市場に足を運んで仕入れる新鮮魚介や、漁師から漁獲の連絡が入る伊根の魚や、冬の間人蟹が自慢の和食店。店主橋本光弘さんは、若干27歳でこの店をオープンさせた。高校を中退し料理人になり、時折他店で勉強し、経験を積んできたが、自分は"青二才"と謙遜する。彼は、西陣の複数の店で上手に食事を楽しむお客さんを目撃、出店を決めた。今では「知り合いに聞いたけど」と、ふらっと予約に来るお客さんも多くなった。彼の目標、「信用してもらえる店」に着実に近づいている。

西陣　# 蟹　# 若い店主　# カウンター　# 仲良し夫婦

information

西陣 はしもと（にしじん はしもと）
住所：京都市上京区大宮通今出川上ル観世町109
TEL：075-203-4813
営業時間：18:00〜22:00（最終入店）
定休日：月曜
席数：カウンター8名
オープン日：2012年12月

map.P104_①

コース5400円〜　全席禁煙　カード不可　予約がベター　Charge Service 無　子ども入店可

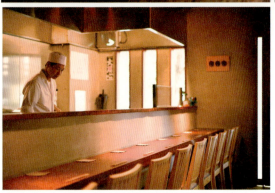

ご飯は、昆布ダシと醤油で味付けした鯖寿司(2貫) 800円(税抜)。雲子のフライを
バター醤油で食べる1200円(税抜)。日本酒やワインと合わせていろいろ試したい

燕 en
京都駅

京都とNYの経験が生み出すオンリーワンな絶品料理

若き店主田中さんは、京都の名店［和久傳］で日本の食文化を学び、ニューヨークの精進料理店［嘉日］で、クリエイティブに和食を表現した。どちらか一つの経験では成し得なかった料理を、この店で提供する。お造り、焼き物、揚げ物、箸休めとアラカルトで用意され、鴨そばと鯖寿司で締めるのが人気。新しく、外していない京都を求めるセンスのいい友人に教えたい。場所は、京都駅八条口から徒歩5分。新幹線に乗る前の食事に案内すれば、興奮が冷めないまま帰路についてもらえそうだ。

京都駅　# センス　# カウンター　# 若い店主

information
燕 en (えん)
住所：京都市南区東九条西山王町15-2
TEL：075-691-8155
営業時間：17：30～23：00(最終入店)
定休日：日曜
席数：カウンター10名、テーブル2名
オープン日：2013年4月

map.P108_⑤

¥ 8000円　全席禁煙　カード不可　予約がベター　Charge Service 無　子ども入店可

少し遠くても行く価値がある、大人のためのイタリア食堂

イタリア料理 & ワイン
Coco Pazzo
一乗寺

約半数のゲストが注文するというビステッカは3200円(税込)。トスカーナのTボーンステーキをイメージしたというこちらは、レアに仕上げられ口いっぱいに広がる肉の旨みが特徴。パスタは猪とポルチーニのラグーのフェットチーネ1600円(税込)。猪は冬に1度仕入れ、無くなり次第終了となる冬季限定メニュー

　常連客は、扉を開けて「マスター、イカスミのパスタね!」と言ってから席に着く、まるで食堂のように愛されているイタリア料理店。「子どものころから、毎日のご飯が楽しみでした。だから自然と料理の道に進んだんですよ」と店主の別所さん。老舗のイタリア料理店［ながぐつ亭］で働いていたこともあるのだとか。「お湯が沸いてればパスタは茹でられるんですよ」と笑いながら大きな寸胴鍋でパスタを茹でる。使いやすい道具で美味しく出来る方法を考えて完成したスタイルにも人気の秘密がありそう。

わざわざ行きたい # ヒミツにしたい

information
イタリア料理 & ワイン Coco Pazzo
(イタリアりょうり アンド ワイン ココ パッツォ)
住所：京都市左京区一乗寺東杉ノ宮町42
TEL：075-723-7766
営業時間：18:00〜24:00(入店／23:00)
定休日：火曜、第3月曜(祝日の場合は営業)
席数：テーブル12名
オープン日：1994年4月

map.P105_ ②

4000円　21時までは全席禁煙　カード不可　予約がベター　コペルト250円　子ども入店不可(小学生以上は可)

OMOTENASHI KYOTO

LES DEUX GARÇONS
北大路

この店を始めたふたりの理想は客がハッピーに食事をすること

以前の仏料理店でシェフ仲間のふたり。14歳で料理の世界に入ったアンジェ出身のフランクさんと、今はサービス担当の京都出身の長谷川さんが開店させたビストロ。彼らは「お客さんを楽しませたい」という思いが人一倍強い。友人に手伝ってもらって大改造した町家には、庭先、テラス、セラー前にも席を設け、客が想像以上のスタイルで食事ができ、子どもの落書き用の黒板も用意。満席の場合、立ち飲みして待っても退屈させない。食前酒から、デザート、食後酒まで、長居する客が一番喜ばれる。

わざわざ行きたい　# 話題　# フレンチ　# 町家

information
LES DEUX GARÇONS（レ ドゥ ギャルソン）
住所：京都市左京区下鴨上川原町3
TEL：075-708-7500
営業時間：月～金曜16：00～翌1：00(LO／24：00)、土・日曜11：30～15：00(LO／14：00)、18：00～翌1：00(LO／24：00)
定休日：木曜
席数：1Fスタンディング、テーブル20名、2Fテーブル20名
オープン日：2014年7月

map.P105_②

 4500円　 禁煙席有　 カード不可　 予約がベター　 無　 子ども入店可

1匹500g程度の生きたオマール海老を、オーダーが通ってからさばく。オリーブオイル、塩、コショウでいため、エシャロットと白ワインを使った、バタークリームソースで食べる。ソースをつけたパンも最高！ 活オマール海老のロースト ブランソース3500円(税込)。グラスワインは600円～、シャンパンも900円～グラスで用意する(以上税込)

CON LECHE
烏丸五条

店名は計画前から決定していたオーナーの希望に満ちた2店舗目

　烏丸五条に、ご機嫌なスペインバル［サントレス］が登場して4年半。オーナーの西山さんは、なんと隣に2店目をオープンさせた。こちらではバリスタが淹れたエスプレッソが1日中飲める。店名の［CON LECHE］は、スペインのミルクコーヒー。あちらではどんな小さなバルでもマシンがある。しかし、独立当時の彼には余裕がなく、念願がやっと叶った。スタッフに恵まれ、お客さんに愛され人気店となったが、今なお24時間、頭は店のことでいっぱい。彼が計画中の楽しい企画はFBで確認できる。

#京都駅に意外と近い #バル #モーニング #コーヒー

information
CON LECHE（コン レチェ）
住所：京都市下京区烏丸通五条下ル大坂町 392 豊栄ビル102
TEL：075-351-2211
営業時間：7：30〜23：00
定休日：月曜
席数：カウンター6名＋スタンディング6名、テーブル20名
オープン日：2014年11月

map.P108_⑤

店名でもあるコンレチェ（260円）は、エスプレッソにミルクをプラス、店名入りのグラスで提供される。ミルクの量が少ないコルタド250円、多いラグリマ290円（以上税込）。［サントレス］との違いは、肉料理があり、1人客のためポーションが小さめ。大きな窓と軒下を作ったのは、夏に立ち飲みしてもらえるように

 朝400円、昼800円、夜2000円　 全席禁煙　 カード不可　 予約可　 無　 子ども入店可

OMOTENASHI KYOTO

クリエイティブな人を案内しよう
京都らしく長テーブルを囲める店

吉田屋料理店

御所南

鴨のくん製と水菜のオリエンタルサラダ1000円、吉田さんのお父さんのレシピにヒントを得たみょうがごはん450円、ガトーショコラ600円(以上税抜)

　店主吉田裕子さんが世界各国を旅し、インスピレーションを受けた味を再現したのが、この店の料理だ。国も調理法もバラバラなメニューで、ただひとつの共通項は、ハズレがないこと。さらに嬉しいのは、路地奥の町家に靴を脱いで上がる、カウンターと低いテーブル、奥には小さな庭。京都らしい設えは、誰を案内しても喜ばれそうだ。また、ソファに腰掛けたり、もたれたりするとリラックス度UP。店主が"余白"と呼ぶ、このソファ。寛ぐことを許された客は、家族のように和やかに楽しんでいる。

クリエイティブ # 世界料理 # 町家 # 路地奥
内緒にしたい # 隠れ家

information
吉田屋料理店(よしだやりょうりてん)
住所:京都市中京区御幸町通丸太町下ル毘沙門町557-1
TEL:075-213-2737
営業時間:18:00〜24:00(LO／23:15)
定休日:日・月曜休、他不定休
席数:カウンター6名、テーブル10名
オープン日:2000年9月

map.P107_④

¥ 4500円　禁煙席無　カード不可　予約がベター　Charge Service 無　子ども入店可

33

もっとローカルに楽しむなら聖護院へ
SHOUGOIN NEIGHBORHOOD

観光地岡崎公園の北。京都土産として人気の菓子"八ッ橋"発祥の地としても知られています。一見穏やかですが、お店はどこも個性的。常連さんに気後れすることなく飛び込んでこそ、聖護院のおもしろさがわかるのです。

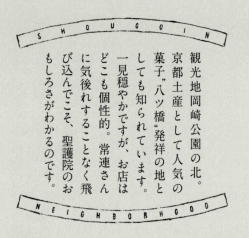

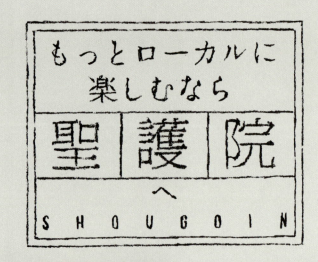

屯風

「お酒が生きがい」に大賛成！ここに来て明日の活力を養おう

毎日自転車を飛ばし、信頼できる魚店まで買いに行く。ぶりカマ焼き500円、わかさぎの天ぷら450円（以上税込）。おでんには、田楽みそ、辛子をつけて食べる

2014年、百万遍から移転。店主とんぺいさんの穏やかな人柄に惹かれ、京都中から客が集まる。「お酒を飲みながら仲間と語る。それが生きがいの人生もいいんじゃない？」と、真っ黒スープのおでんを看板に、客に居心地よい環境を心がける。彼が今、夢中なのは落語の高座に立つこと。演劇出身の彼は、人を楽しい雰囲気に巻き込むことが得意だ。サブカル聖地の左京区らしい店は？ と聞かれたら、ここを案内する人も多い。

#ザ・左京区 #店主ファン #落語

information
屯風（とんふう）
住所：京都市左京区聖護院東町1-2 聖護院ハイツ1F
TEL：075-751-5240
営業時間：17：00〜22：30(LO)
定休日：日曜
席数：座敷3名、カウンター2名、テーブル6名
オープン日：2014年5月移転

map.P105_②

¥ 2000円　禁煙席無　カード不可　予約可　Charge Service 無　子ども入店可

OMOTENASHI KYOTO

タコとケンタロー

京都でパン職人だったケンタローさん。独立して、大好きなタコ焼き屋になることを決心し、大阪で2年間修業をする。しかし、この2年。実は、一般的には3ヶ月のところ、物覚えが悪く人の8倍かかったのだとか。初対面でも朗らかさが伝わってくる彼の性格は、こんなエピソードからもわかる。京大近くの雰囲気が好きで、出店を決意したそう。学生向きに定食を用意するしなやかさもあるが、タコは生のみ使用と味に対しては頑固だ。

#学生 #定食 #大盛

information
タコとケンタロー
住所：京都市左京区聖護院東町1-2 聖護院ハイツ1F
TEL：075-771-4736
営業時間：11：00〜23：00
定休日：不定休
席数：カウンター10名
オープン日：2010年9月

map.P105_②

定食、タコめし、タコ無しなど
目指すはらしくないタコ焼き屋

タコめし、お吸い物、タコサラダがセット、1日9食限定、ケンタコ定食A560円。タコ焼き6個をプラスのB定食は800円。タコなしホタテ6個490円。タコ九条6個470円(以上税込)。仕上げはソースだけでなく、醤油、味噌ダレ、柚子ポン酢、塩ダレから選択。何もつけなくても十分美味しい

1000円　禁煙席無　カード不可　予約可　Charge Service 無　子ども入店可

上海家庭料理 七福家

近隣で働く人を支える街の中華食堂的存在

この界隈では貴重な使い勝手のよい、もちろん味も確かな店とあり、ランチタイムになれば近くの京大や京大病院で働く人で賑わう。営むのは上海出身の姉弟で、料理担当の弟さんが日本で店を出したいという思いに姉が応え、開店した。「お年寄りでも食べやすいです」と姉の玲さんが言うように、柔らかく処理された豚肉が食べやすい黒酢の酢豚（1100円税込）には、中国から取り寄せた黒酢を使用するなど本場の味を伝える。

中華　# ランチ

information
上海家庭料理 七福家（しゃんはいかていりょうり しちふくや）
住所：京都市左京区聖護院山王町25-11
TEL：075-771-3833
営業時間：11：30～14：30、17：00～22：00(LO)
定休日：水曜
席数：カウンター7名、テーブル10名、2階座敷40名
オープン日：2006年8月

map.P105_ ②

店内に飾られている、親戚が描いてくれたという立派な絵には8人の神様がみられる。「中国では八福神なんですよ」と中国の話をするのも楽しい明るい玲さん

 ランチ750円〜、夜2000円　 禁煙席無　 カード不可　 予約可　 無　 子ども入店可

月と猫

店名通り、月と猫の看板が目印路地奥で愛されている"粉もん"

鉄板の上に垂れてじゅわっと音をたてるソース、コテで切り分けて熱々を口に運べばたちまち笑顔に。日本が世界に誇るべき粉もんは、やはりここ聖護院にも健在。生地で麺がサンドされたような状態のモダン焼き（800円税込）は、約15分かけて焼き上げる。豚、イカ、そば入り玉子のせで、オールスター勢揃いといった雰囲気。チーズが中にも外にもたっぷりのモダンダブルチーズ（800円税込）とどちらをオーダーするか迷ってしまいそう。

粉もん　# 隠れ家

information
月と猫（つきとねこ）
住所：京都市左京区聖護院山王町1-19（東山丸太町上ル一筋目北春日通）
TEL：075-751-0614
営業時間：17：00～23：30(LO)
定休日：火曜
席数：カウンター12名、テーブル8名
オープン日：2002年9月

map.P105_ ②

今は無き四条通沿いの地下にあった喫茶店[ジロー]でシフォンケーキをつくっていたという都築さん。店名の由来を聞くと、「木屋町で飲んだ帰り道、猫が月を見ていたから…」とロマンチックな一面も

 2000円　 テーブル席のみ喫煙可　 カード不可　 予約可　 無　子ども入店可

モリオカ

「1人でも通える店」を意識して、お客さんに程よい距離感で接する森岡さん。昔ながらの大衆食堂の使い勝手の良さを、今どきのメニューで実現している。お腹を十分に満たせるようにパスタは1人前が150gと多め、昼も夜も値段に変更はなし。わかりにくい雑居ビルの半地下にあるが、リピート率は高い。多種の飲食店で経験を積んだ腕とケチらず良質な材料を使う料理の味は確かで、お肉好きな彼が作るローストビーフも試したい。

定食 # 大盛 # 食堂 # 一人飯 # ランチ

information

モリオカ
住所：京都市左京区聖護院山王町43-2 パレステート日生1F
TEL：075-708-2839
営業時間：11：30〜15：00、18：00〜24：00
定休日：日曜
席数：カウンター4名、テーブル10名
オープン日：2010年11月

map.P105_②

大衆食堂のうどんやそばのようにここにはパスタやステーキがある

豪快にパルメザンを使う人気メニューカルボナーラはサラダ付きで800円、大盛は300gで1000円。おすすめが書かれた黒板メニュー、ミルフィーユ・ビーフカツ生ハム添え1000円など（以上税込）。グラスワイン200円（税込）と合わせてオーダーしたい

¥ 昼800円、夜1700円　ランチタイムのみ禁煙席有　カード不可　予約可　Charge Service 無　子ども入店可

QUÁN33

店主の西浜さんは、河原町御池でベトナム料理店を経営していたが閉店、充電期間を経て2013年に聖護院で再出発した。こちらは街中と違い、近所の人が食べに来る。店内がアットホームなのはそのせいだ。彼は現地の料理経験がないが、旅行を重ね、現地の人に教わりながら理想の味を再現した。甘酸っぱいタレをつけても皮のパリッと感が残るバンセオは、本格ベトナム風日本人好みの極み。

ベトナム

information

QUÁN33（クアンバーバー）
住所：京都市左京区聖護院山王町43-2 パレステート日生B1F
TEL：075-751-8139
営業時間：17：00〜23：00(LO)
定休日：不定休
席数：カウンター8名、テーブル4名×2、半個室6名
オープン日：2013年3月移転

map.P105_②

5年の充電の後に再スタート日本人に馴染むベトナム料理

バンセオ950円（税込）。日本人にとってのお好み焼きのように、ベトナムでは専門店で食べるスナック感覚のメニュー。ネギ、海老、豚を炒めた具を、米粉、ココナッツ、塩で作った生地で巻く。焼き加減が難しく、焦らず様子をみながらパリパリに仕上げる。ニンジンと大根のなますと一緒にレタスで包んで食べる

¥ 2500円　禁煙席無　カード不可　予約可　Charge Service 無　子ども入店可

OMOTENASHI KYOTO

燻製と地ビール 和知

高倉四条

飲めば世界感が180度変わる
ビール党はここから再出発を

樽生ビールをグラスに注ぐ。どこの居酒屋でも見る光景がこの店にもある。しかし、「おすすめはアサヒスーパードライ」と言う店主が島津俊吾さん以外にいるのか？ 万人が知る味を想像を超えて提供できた時こそ、客に感動を与えられる。それを実践する。クラフトビールがマイナーだった開店当初の13年前に、京都で初めてベルギービール樽生を導入。今では常時クラフトビール6種類を含め樽生12タップ、瓶を含めると数え切れない。ビールのサーブは店主か店長のみ。同様にポテサラも期待以上。

#地ビール #燻製 #ポテサラ #駅近

information

燻製と地ビール 和知（くんせいとじビール わち）
住所：京都市中京区高倉通四条上ル帯屋町571 さたけビル4F
TEL：075-212-6342
営業時間：18：00〜翌1：00(LO／24：00)
定休日：日曜
席数：カウンター12名、テーブル30名
オープン日：2001年7月

map.P107_④

 3500円　 禁煙席無　 カード可　 予約がベター　 付き出し500円　 子ども入店可

こちらの名物燻製から、鯖(ハーフ)350円(税込)。ビールを美味しく飲むために注文したい。あるポテサラ評論家から「西の横綱」と言われたポテトサラダ450円(税込)は燻製たまご、燻製チキン入りとかなりグルメ。ピストンで汲み上げるハンドポンプで提供するため、泡がクリーミー。大阪箕面のクラフトビール、リアルエール「スタウト」

夷川 燕楽

夷川麩屋町

京都の素材を使った料理が揃う
個室でゆっくり食事ができる店

information

夷川 燕楽（えびすがわ えんらく）
住所：京都市中京区夷川通麩屋町西入ル北側
TEL：075-254-8488
営業時間：17：30〜24：00(LO／23：00)
定休日：無休
席数：1Fカウンター8名、個室3部屋、2F40名
オープン日：2003年9月

map.P107_④

　1989年、先斗町にオープンした[厨厨]。そのお洒落な雰囲気で、瞬時に人気店になった。現在は、京都市内に5店舗を経営。町家やお茶屋を改装した店で、八坂通の店は庭を眺めながら食事ができ、京都感がたっぷりだ。[夷川燕楽]は、昔から家具店が並ぶ静かな夷川通にある。京都ならではの旬の素材を使った料理があるので、他府県からの客人を案内する人も多い。離れを入れて4部屋の個室、2階は40名までの宴会ができてかなり広い。プライベート空間や大人数の希望も受け入れてくれる。

個室　# 京都素材　# 季節料理　# 大人の宴会

OMOTENASHI KYOTO

元家具店だった店内を、遊郭をイメージして改装。1階のカウンターには、その日のおばんざいが並ぶ。「おでんは燕楽」が合い言葉になって欲しいと、年中用意する。牛すじ260円、田舎こんにゃく220円、玉子160円、生姜天180円、大根220円、京都平野豆腐の厚揚げ220円(以上税込)

 4000円　 禁煙席無　 カード可　 予約がベター　 無　 子ども入店可

まずオーダーして欲しいのが、奥飛騨猪盛り合わせ1800円(税込)。一週間塩漬けにすることから始まる、手間ひま掛かったハムや、鶏レバーと猪肉をあわせて山椒をたっぷりとのせたパテなど、内容は人数によりかわるそうだが、これとワインでも十分満足できそう

ボタン

聖護院

岐阜県奥飛騨の野生イノシシ肉に惚れ込んだ店主が、もっとこの美味しさを知って欲しいと、様々な料理にアレンジして提供している。ハムにパテ、リエットなど全て店主が手作りしているのだが、まず驚くのがその味わい。全くと言って良いほど臭みがなく、程よく甘みのある脂が心地よく口の中に余韻を残す。どれもワインに合わせて気軽に食べられる猪肉料理。ランチタイムにはボロネーゼやカレー、麻婆豆腐などのメニューが週替わりで登場。メインにサラダと小皿2種ほどが付いて1000円(税込)。

肉好き # 聖護院

猪肉への先入観を変えて
新しい食材との出合いを喜べる

information

ボタン
住所:京都市左京区聖護院山王町41
TEL:075-761-8235
営業時間:11:30〜14:00、17:00〜24:00
定休日:日曜、土・月曜のランチ休
席数:カウンター3名、テーブル25名
オープン日:2014年6月

map.P105_ ②

3000円　禁煙席無　カード不可　予約可　Charge Service 無　子ども入店可

チャイナテラス 桃李

市役所前

晴れた日はテラスで昼からビール
場所は、贅沢にも史蹟・一之舩入

ビールに合わせるなら、B5サイズほどの板餃子1人前378円。いろいろちょっとずつ食べたい時にピッタリの香港飲茶セット2160円。他、黒酢の酢豚1080円や昔懐かしい卵はるまき540円（以上税込）などの多彩なメニューが揃う

京都の名ホテル［京都ホテルオークラ］の中国料理店［桃李］の姉妹店。スタッフが若くて活気があり、格式あるホテルでありながら気軽な雰囲気。主に3人のシェフが鮮やかな手つきで次々と料理を作りあげ、団体の宴会にも対応する。店名にもなっているテラス席は、この店の特等席。1614年に完成した運河高瀬川の港の役割を果たした「舩入」に面している。気候が良い季節は、ここでビールを楽しんで欲しいと、昼酒の罪悪感が少ないミニビール300円（税込）を用意。これがよく出るらしい。

テラス # 大文字 # 中華 # 家族利用

information
チャイナテラス 桃李（チャイナテラス とうり）
住所：京都市中京区河原町通二条南入ル一之舩入町
（京都ホテルオークラ北側）
TEL：075-254-2509
営業時間：11：30～14：30(LO)、17：00～20：00(LO)
定休日：無休
席数：テーブル30名、テラス20名
オープン日：2014年9月

map.P107_④

 昼・夜2000円　 全席禁煙　 カード可　 予約がベター　 無　 子ども入店可

スタッフは阪神タイガースのTシャツを着用する。純米酒360円、カキフライ630円、かす汁とご飯350円、写真は大将がお土産でもらって感動したからとメニューに加わった、胡麻生姜味のベトナムせんべい320円(以上税込)。だし巻きにするとコストがあがるからと、あえてたまご巻きに。きちんと引いたダシを使い、味付けは変わらない

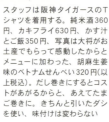

丁寧さは倍増に、安さを追求。真面目な大将の覚悟が集結

寿海 府庁前店
府庁前

　府庁前交差点の東側、丸太町通に面した2階建てビルを、大将鈴木彰さんが借金して建てたのは22年前。[八起庵]の花板をしていた彼は、100種類以上あるメニューの仕入れ、仕込み、調理を一人でこなしローコストをキープ、平日、土日祝、と客の顔ぶれが違うのでと最近の3年間は正月以外休んでいない。自分に厳しい彼だが、他人には優しい。賄いはお腹が減る20時頃に、それも相当美味しいとアルバイトくんが教えてくれた。クチコミで評判が広がり、お酒好きや定食屋使いで19時には連夜満席だ。

#大衆酒場 #メニュー豊富 #粕汁
#カキフライ #カウンター #阪神ファン

information

寿海 府庁前店(じゅかい ふちょうまえてん)
住所:京都市上京区丸太町通新町東入ル春帯町355-4
TEL:075-213-1277
営業時間:17:00〜23:00(LO／22:30)
定休日:無休
席数:1Fカウンター16名、個室8名、2F20名
オープン日:1993年2月

map.P107_④

¥ 2000円 　禁煙席無 　カード不可 　予約可 　Charge Service 無 　子ども入店可

OMOTENASHI KYOTO

錦 魚河岸千両

麩屋町錦

錦市場近くの細い路地奥にある
鮮度、質ともに裏切らない寿司店

東京築地場外市場に12店舗を展開する寿司店。外国人観光客が多い築地だが、こちらは地元客に支持され数が増えた実力店だ。もちろん、京都でも本格的な江戸前寿司が食べられる。築地や各地の漁港から直送されてくる魚介や京野菜がカウンターに並ぶが、それは寿司職人に本日のおすすめを聞きやすいように。メニューを見ず、会話の中から注文を決めるのが江戸前スタイルだ。マグロは本マグロのみ、こはだや穴子、珍しいメネギやかんぴょう巻きまで、鮮度、味ともに妥協のないものしか置かれない。

江戸前寿司　# 鮮魚　# 路地奥　# カウンター

寿司、お造りだけでなく、焼き物、煮物など、素材の調理方法のリクエストにも応じてくれる

information
錦 魚河岸千両（にしき うおがしせんりょう）
住所：京都市中京区麩屋町通錦小路上ル梅屋町493
TEL：075-212-1616
営業時間：12:00〜14:00(LO)、16:30〜21:30(LO)
定休日：無休
席数：1Fカウンター14名、テーブル6名
オープン日：2014年11月

map.P107_④

¥ 昼1800円〜、夜8000円〜　　全席禁煙　CARD カード可　予 予約がベター　Charge Service 無　子ども入店可

45

OMOTENASHI KYOTO

盛華亭
浄土寺

至極シンプルな味わいは
まさに京都風中華

写真の蟹玉子700円(税別)の味付は、スープに日本酒と塩のみ。子どもからお年寄りまで、年齢を問わず愛される所ではないだろうか。スープは鶏の胴ガラと小骨を、ショウガ、ネギ、人参などと一緒に煮る。着付けが趣味と話す女将の由里子さんと2人で切り盛りする

information

盛華亭(せいかてい)
住所:京都市左京区浄土寺馬場町39-4
TEL:075-751-7833
営業時間:17:00～23:00
定休日:月曜(祝日の場合は営業、翌日休)、第3火曜休
席数:カウンター5名、1階テーブル12名、2階テーブル20名
オープン日:1981年10月

map.P105_②

　銀閣寺のほど近く、閑静な住宅街にある中華料理店。もともとは店主佐々木さんのお父さんが祇園でチーフを務めていた[盛京亭]の東店としてオープンをした後、33年前に名前を現在の屋号に変えた。当時、南座で働く人が夜遅くに利用していたのだが、「深夜でも胃にもたれしない中華を食べたい」「ニンニクは使わないで欲しい」という要望を受けて、"京都の中華"とも呼ばれるあっさりとした味わいが完成した。味の決め手となるスープも煮込みすぎては味がクドくなると、その日に仕込んだもののみを使用。油は植物油。

#庭 #京中華 #カウンター #家族利用

2500円　カウンターのみ可　カード可　予約がベター　Charge Service 無　子ども入店可

OMOTENASHI KYOTO

一人で食べてもシェアしてもOK
お茶の時間も思い出に

TEA VENIR

祇園

「四条通沿い、祇園の散策途中に坪庭を眺めながらゆっくりお茶をしたい」。そんなワガママなオーダーを友人にされたら、ぜひこちらをリコメンドして欲しい。お茶の時間も京都観光として考え、記憶に残るティータイムを過ごして欲しいと、風呂敷やがま口などの京土産を販売する［スーベニール］が手掛けたカフェである。四条通から入り、店舗の奥にある坪庭を抜け、扉を開けば繁華街とは思えない空間が広がっている。庭に面した壁は一面ガラスなので、冬には雪が積もり、初夏には青葉が輝く様子を見ることができる。

メインのメニューはアフタヌーンティーセット2400円（税別）。三層で構成され、一段目は［nikiniki］の［ティーベニール］限定八ツ橋、五重塔モチーフのクッキー、おからのチョコレート。二段目には美山産の卵を使ったプリン、抹茶とほうじ茶のシュークリーム、抹茶とイチゴのチーズケーキ、三段目には京野菜を使ったキッシュ、サンドイッチ、玉ネギのお漬け物と盛りだくさん

information

TEA VENIR（ティー ベニール）
住所：京都市東山区祇園町南側577-3
TEL：075-531-4710
営業時間：12:00〜18:00
定休日：不定休
席数：テーブル22名
オープン日：2014年7月

map.P106_③

庭 # カフェ # 祇園

1200円　全席禁煙　カード可　予約可　Charge Service 無　子ども入店可

OMOTENASHI KYOTO

昼、夜ともに3種のコースのみ。先付けから始まり、天ぷら、箸休め、天茶と進んでいく。別棟の離れがあり、国内外の貴賓客をもてなすための特別室がある

京都祇園 天ぷら八坂圓堂

祇園

まさに京都の情緒が感じられる特別な日に選びたい一軒

八坂の塔を見ながら石畳を歩いて行く、その道中までもが美しい数寄屋造りの店。板前が目の前で揚げてくれる天ぷらが味わえる席や、丁寧に手入れされた庭を愛でながら食事ができる席など、一緒に訪れる人や目的によって席を選ぶことができる。軽くあっさりと揚げられる天ぷらは上品で、京の旬野菜や奥琵琶湖に注ぐ清流の川魚なども登場する。明治43年にお茶屋として創業、移転をした後、平成3年に[天ぷら八坂圓堂]としての営業を開始。ゲストへの心くばりはその歴史を表しているようだ。

#庭 #個室 #天ぷら

information
京都祇園 天ぷら八坂圓堂
（きょうとぎおん てんぷらやさかえんどう）
住所：京都市東山区八坂通東大路西入ル小松町566
TEL：075-551-1488
営業時間：11：30〜15：00(LO／14：45)、
17：00〜22：00(LO／21：15)
定休日：無休
席数：椅子カウンター席17名、座敷カウンター席8名、
座敷個室3部屋、テーブル個室3部屋
オープン日：1910年創業

map.P106_③

昼コース3500円〜、夜コース9000円〜　禁煙席有　カード可　要予約　サービス料／カウンター10％、個室15％　子ども入店不可

OMOTENASHI KYOTO

伏見
三条京阪

コの字カウンターを元気に切り盛り
たづさんが居るから伏見は最高

鯖寿司1本1500円。これだけを買いに来る客もいる。20時頃には売り切れてしまうことも多い。店内では1貫150円で食べられる。席間隔が狭く、仲間やお隣さんと親密度も増す。上着や荷物は、座席後上部の棚へ。身軽な格好で行くのが楽しむ秘訣

　2015年で開業63年。父から受け継いだ店を18歳6ヶ月から仕切るたづさん。「思い出に残る味を提供したい」。と、彼女は自慢の料理を半ば強引にすすめる。その押しに負け、客前には当初の注文分と合わせて食べきれない程の料理が並ぶが、それも想定内。余った分は持ち帰りの用意をしてくれる。初めから彼女のおすすめをオーダーするのもいいけれど、このやりとりがおもしろい。戸惑うのは初入店後10分だけ、一見だからと遠慮するのはもったいない。誰かをお連れするなら事前に予習しよう。

\# 大衆酒場　\# 赤提灯　\# 鯖寿司　\# カウンター

information
伏見（ふしみ）
住所：京都市東山区三条大橋東入ル二町目76
TEL：075-751-7458
営業時間：17：00〜22：00(LO)
定休日：日曜、祝日(祝日が木・金・土曜の場合は営業)
席数：カウンター22名
オープン日：1952年

map.P106_③

 2500円　 禁煙席無　 カード不可　 予約不可　 無　 子ども入店不可

49

OMOTENASHI KYOTO

ステファン流のもてなしは
暖簾をくぐった瞬間から始まる

「フレンチってええな、と思って欲しいんです」と笑顔で話すオーナーシェフ、ステファンさん。一般的なフレンチレストランにある少し固いイメージを取り払って、美味しくて心地よく、心から満足して欲しいとの思いを持つ。記念日に初めて来店する緊張した若いカップルの隣には、毎月足を運ぶ常連客、色とりどりのゲストが訪れてくれるのも楽しみなのだとか。フランスと京都を合わせてこの道30年の経験を持つシェフが作る、地元のプロヴァンスと大好きな京都を融合させた料理は感動を呼ぶ。

町家　# フレンチ　# 予約取れない　# 個室　# 庭

information
RYORIYA STEPHAN PANTEL（リョウリヤ ステファン パンテル）
住所：京都市中京区柳馬場通丸太町下ル四丁目182
TEL：075-204-4311
営業時間：12:00～15:00(LO／13:00)、18:00～22:00(LO／19:30)
定休日：水、第2・4火曜休
席数：カウンター9名、テーブル14名、個室6名まで※2～4名の個室利用の場合は使用料1万円
オープン日：2014年2月

map.P107_ ④

日本に来て、初めて奈良漬けを食べた時にインスピレーションが湧いたという[kezako]時代より続くスペシャリテは、フォアグラのコンフィに奈良漬けを合わせ、南国フルーツのソースを添えた一品。左ページの肉料理の仔羊のローストは、骨部分と肉の部分に分け、別の調理法で仕上げる。番茶が香るしいたけ、ポレンタ、菜の花などが添えられる

RYORIYA STEPHAN PANTEL

御所南

「ス」の文字が入ったナイフは有次に特注したもの。食後に提供されるドリンクのカップはステファンさんと奥さんによる手作り。最後にほっとひと息ついて欲しいという、温かい気持ちが伝わる

ランチ5400円、ディナー1万800円〜　全席禁煙　夜のみ可　要予約　Charge Service 無　子ども9歳以上可

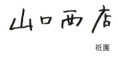

山口西店
祇園

49年間、変わらない味と雰囲気
日本人が思う居酒屋がここにある

鉄火めし650円（税込）。飲めない人にも喜ばれそうな、ご飯ものも揃う。小上がりの座敷は、男性4人座るといっぱいで、親密度が増しそう。カウンターには40年以上通っていそうなベテランが多い

祇園に有りながら、学生でも気軽に飲んで、食べて、宴会ができる居酒屋。高級店が並ぶエリアのビルを抜け、薄暗い路地を進むと辿り着くシチュエーションは、かしこまった席が苦手な人や赤提灯を好む人に受けそうだ。少人数ならカウンターに座り、日本酒や瓶ビールを酌み交わせば距離が縮まる。その際、2階へ上がる階段がタンスになっている京町家ならではの知恵の説明をお忘れなく。看板にも書かれている鉄火めし650円で締めて、店名を忘れたても心に残る思い出の共通項を作って帰ろう。

information
山口西店（やまぐちにしてん）
住所：京都市東山区花見小路通末吉町西入北側
TEL：075-551-2995
営業時間：17：30～翌1：00
定休日：日曜
席数：1Fカウンター9名、座敷4名×4、2F20名
オープン日：1966年4月

map.P106_③

¥ 3000円　禁煙席無　カード不可　予約可　Charge Service 無　子ども入店可

大衆酒場　# 赤提灯　# 路地奥　# カウンター　# 祇園

もしも屋
河原町五条

旅、音楽、野菜好きが自然と集う
カフェのような多国籍料理居酒屋

花山椒たっぷりの麻婆豆腐800円。夜定食はおかずのみが1000円、玄米付きが1200円(以上税込)。木、金、土曜はランチ営業有り。週末は音楽イベントの開催もあり。開店時に谷澤智文さん、1周年記念に中井大介さんから贈られた、店のテーマソングが2曲ある

　人気バー［ハライソ］の閉店が決まり、声がかかった河崎かなみさん。スペイン料理店、ケータリング［ゴーダル食堂］として活動後、その地で念願の店をオープンさせた。夜はカウンターから埋まるがほとんどが常連で、料理を待つ間に客同士が勝手に仲よくなっているという。大人数や初めてのお客さんは、奥のテーブル席へ。カフェや居酒屋感覚など、自分スタイルでリラックスできる。店のテーマ"野菜とお酒とミュージック"の通り、彼女の友人が栽培する野菜を使ったメニューが多い。

アジア料理　# ランチ　# 麻婆豆腐　# 野菜

information
もしも屋（もしもや）
住所：京都市下京区寺町通五条上ル西橋詰町771-1
TEL：075-748-1181
営業時間：17：30～23：00(LO)、
木・金・土曜はランチタイムも営業11：30～14：30(LO)
定休日：月曜
席数：カウンター5名、テーブル11名
オープン日：2013年10月

map.P107_④

昼900円、夜3000円　禁煙席有　カード不可　予約可　Charge Service 無　子ども入店可

馬耳東風
四条室町

特等席で食べる焼き鳥の味は一度味わえば忘れられない

鳥ネギ、肝、せせりは一本150円(税別)。「一番美味しい瞬間を食べて欲しいからちょっと浅めの焼き加減にしています」とのこと。紀州と土佐の備長炭でゆっくり焼いていく。生ビールが490円(税別)という価格設定も人気店の理由かも

information
馬耳東風(ばじとうふう)
住所：京都市中京区室町通四条上ル菊水鉾町587
TEL：075-255-1311
営業時間：17:30〜24:00(LO／11:30)
定休日：水・日曜、祝日休
席数：カウンター5名、2階3部屋(4名・4名・8名)
オープン日：2006年10月

map.P107_④

ビジネス街にひそっりと佇む入り口、足を踏み入れれば定員5名のカウンター。連日この席を目指してビジネスマンやOLが足を運ぶ。満席になることが多いので、ふらっと入って席が空いていたらラッキー、迷わず飛び込もう。人気の理由はやはり店主の小早川さんの人柄と美味しい焼き鳥。ふっくらとジューシー、大きめの焼き鳥を頬張って、焼酎を流し込めばまさに至福のひと時。以前は南区の羅城門で焼き鳥店をしていたという小早川さん。当時より20年にもおよび継ぎ足されたタレもまた美味。

#カウンター #焼き鳥

¥ 3000円　禁煙席無　CARD カード可　予 予約がベター　Charge Service お通し300円　子どもの入店不可(但し、小学校5年生以上は可)

本日の発酵8種定食は、自家製ねり梅ソース 豆腐のせ、南蛮(青唐辛子)醤油麹 豆腐のせ、柿と大根のなます、古式製法さばへしこ、ふぐの子の糠漬け燻製煮卵のせ、ゆずこしょう燻製煮卵のせ、魚醤(いしる)のピリ辛こんにゃく、お揚げの発酵あんかけ。日本酒に合いそうなものばかり…もちろん美味しいお酒も用意してあるので迷わずオーダーを

発酵食堂カモシカ

嵯峨嵐山

**食を通して自分の生活を見直す
そんな機会を与えてもらえる**

　かつてはどの家庭でも日常的に作られていた発酵食を見直して欲しい、と開店させた小さな食堂。主宰の恵さんは医療コンサルタントとして働いていた時に予防医学の大切さを知り、それは食と深く関わりがあると感じ、発酵食品を手作りするように。震災を機に京都に引っ越したことをきっかけに、店をオープン。発酵8種定食(1300円税込)を食べていると、滋味溢れる味わいに普段の生活を改めなければと考えさせられる。発酵ヴィーガンパティシエ恭子さんのつくるカモシカのタルト(500円税込)も美味。

嵐山 # 発酵食品

information

発酵食堂カモシカ(はっこうしょくどうカモシカ)
住所：京都市右京区嵯峨天龍寺若宮町17-1
TEL：075-862-0106
営業時間：11：30～15：00
定休日：日・月曜
席数：カウンター4名、テーブル8名
オープン日：2014年5月

map.P109_ ⑥

 2000円 全席禁煙 カード不可 予約可 無 子ども入店可

あだち家
祇園

深夜にすする豚汁に救われる
祇園の真ん中の癒しスポット

店主は新潟出身だけに、日本酒には厳しい。厳選したお酒に合う料理が用意されている。自家製チャーシュー煮玉子添え900円、ジャンボ油揚げ700円。豚汁500円。ご飯とおばんざい2品がつく豚汁セット1300円。(以上税込)

　新潟出身の店主安達秀行さんと、祇園でクラブ経営を20年以上してきた奥さんの佳子さんで営む居酒屋。店の名物であるにも関わらず、「ぶたじるでも、とんじるでも問題ない」と彼らはとても気さくだ。ちょっと一杯も、賑やかな宴会も、店の使い方はお客さんに任せている。2人は料理でそのサポートをするだけ。祇園での経験が長い分、気遣いが板についているのだ。深夜まで営業しているのは、近くで働く人達に仕事帰りに寄ってもらうため。疲れた心や胃を、ここの豚汁で癒す人が多い。

豚汁　# 深夜営業　# 祇園

information

あだち家(あだちや)
住所：京都市東山区清本町368-4 セラヴィビル1F
TEL：075-541-0008
営業時間：18：30～翌3：00(LO／翌2：30)
定休日：日曜、祝日
席数：カウンター8名、テーブル4名×2
オープン日：2013年11月

map.P106_ ③

¥ 3000円　禁煙席無　カード可　予約可　Charge Service 無　子ども入店可

にこみ屋六軒

六条木屋町

海外旅行者もふらっと訪れる
町に馴染む、新世代の赤提灯

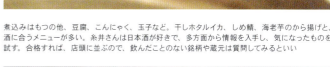

煮込みはもつの他、豆腐、こんにゃく、玉子など。干しホタルイカ、しめ鯖、海老芋のから揚げと、酒に合うメニューが多い。糸井さんは日本酒が好きで、多方面から情報を入手し、気になったものを試す。合格すれば、店頭に並ぶので、飲んだことのない銘柄や蔵元は質問してみるといい

　友人の飲食店を手伝ったのがきっかけでこの世界に入った店長の糸井さんと施工の仕事をするオーナーの2人が、6ヶ月かけてDIY。店名に通りの名前を付け、静かな町並を壊さないように心がけた結果、ご近所さんが散歩ついでに訪れる店になった。タイルが貼られた内装は洒落た雰囲気だけど、精神は赤提灯居酒屋。美味しいお酒と料理、人情たっぷりだ。来てくれたお客さんを待たせないようにと、煮込みをメインにした。看板のもつ煮込み（大650円税込）には、山椒をかけるのをすすめている。

\# もつ煮込み　\# 日本酒

information

にこみ屋 六軒（にこみや ろっけん）
住所：京都市下京区早尾町164-3
TEL：075-708-2099
営業時間：14：00〜23：00（フードLO／22：00）
定休日：水曜
席数：カウンター8名、テーブル15名
オープン日：2012年6月

map.P108_⑤

 2500円 禁煙席無 カード不可 予約可 無 子ども入店可

OMOTENASHI KYOTO

にこみ 鈴や
綾小路高倉

カウンターより覗ける大鍋には、看板のもつ味噌煮込み600円、おでん、まかないカレー（大）800円、（中）500円、（小）350円（以上税込）が煮込まれている

もつ味噌煮込みとビールと身を置く空間も、また良し

　冒頭から残念なことを伝えなければならないのだが、実は2015年5月に移転することが決まっている。それでも紹介したい名店［にこみ 鈴や］。定番お品書き5種ほどに、はらみ950円、はつ600円（以上税込）といった焼き物数種、あとはお酒があるのみと、オープン当初からブレのないメニュー構成。店の雰囲気も格別で、理容店を改装した本物のレトロ感に、アンティーク級の器を用意する。移転先は目下探し中とのことだが、新しい場所でも変わらないもつ味噌煮込みに再会できるだろう。

\# もつ煮込み 　\# レトロ 　\# 四条烏丸 　\# 元理髪店

information
にこみ 鈴や（にこみ すずや）
住所：京都市下京区綾小路通高倉南西角神明町230-2
TEL：075-351-1858
営業時間：16：00〜23：00
定休日：月曜
席数：カウンター12名
オープン日：2010年5月

map.P107_ ④

¥ 2500円　禁煙席無　カード不可　予約可　Charge Service 無　子ども入店可

コースは、5000円、7000円、1万2000円の3種。ブタ玉1000円、創作お好み焼きの八坂焼1600円(以上税抜)などアラカルトオーダーも可能。カウンターには3名のスタッフが立つ

祇園で鉄板焼きをリーズナブルに そんな憧れが現実に

店内に入るとまず目に飛び込むのが、9mもの長さを誇る鉄板カウンター。L字ではなく、まっすぐに伸びた鉄板は圧倒的な存在感。提供されるのは熊本県産を中心とした国産黒毛和牛のステーキが登場するコース。とろけるような味わいが5000円から堪能できると、手頃な価格も嬉しい。さらにメニューを見て驚かされるのが、お好み焼きや焼きそばが豊富に用意されていること。グループ店がお好み焼き店も経営していることで、スタッフはお好み焼きのプロが揃っているのだとか。カウンター12席を仲間と一緒に貸し切って、少しだけ贅沢な気分で盛り上がるのも楽しそう。

#祇園　#カウンター　#鉄板焼き　#深夜　#和牛

information

鉄板Dining 祇園 翔(てっぱんダイニング ぎおん しょう)
住所:京都市東山区花見小路通富永町東入ル祇園町北側290-6 道場ビル1F
TEL:075-532-5600
営業時間:17:30〜翌3:00(LO／翌2:30)
定休日:月曜(祝日の場合は営業)
席数:カウンター12名、個室3部屋(各4名)
オープン日:2013年4月

map.P106_ ③

鉄板Dining 祇園 翔

祇園

コース5000円〜　禁煙席無　カード可　予約可　Charge Service 無　子ども入店可

OMOTENASHI KYOTO

もてなし上手な5人にお手本あり

おもてなしは一日にして成らず

OMOTENASHI?

どうやって毎日を過ごせば、もてなし力が培われるのか？ここでは、少しずつの意識の積み重ねが、世界レベルのおもてなし力に成長すると考え、京都で活躍する5人から、そのヒントを探ります。

食堂おがわ
小川真太郎さん
老舗京料理店などで経験を積み2009年に開店。その気軽さと確かな味が話題となり、すぐに京都で予約が取れない店となったが、予約なしでも入れる食堂をするのが本来の彼の夢。
map.P107_④

公長齋小菅
常務取締役 小菅達之さん
1898年の創業以来、竹製品一筋に色々なものを代々作り出す。近年では有名デザイナーや欧州の革製品の工房とのコラボレーションなどによる商品も多数企画。古来より日本人の暮らしに深くかかわってきた竹の可能性を追求する。
map.P107_④

Q1 最近お気に入りのコーヒーショップは？
全国的にも注目の高い京都のコーヒー。お気に入りがあれば人に聞かれても安心

ANSWER 1

店のほぼ向かいにある[食堂ルインズ]（TEL：075-708-5853／map.P107_④）に行きます。本当は、コーヒーよりもビールの方がよく飲みますが…。

長岡京に本店があり、そのフラッグシップショップとして2012年にオープンした[specialty coffee Unir 京都御幸町店]（TEL：075-748-1108／map.P107_④）は、とにかく美味しい。豆購入のサービスでもいただけるカプチーノが特に美味。

Q2 腹ぺこの時に、まっさきに思いつく店は？
ファストフード店以外で、空腹を満たすための1軒。とっさに思いつく店で実力に差が出る

ANSWER 2

二条寺町の[トラモント]（TEL：075-256-1917／map.P107_④）ですね。月1、2回は行きます。好きなメニューは、タコのラグーパスタや前菜のタコ料理で絶品です。ベテランシェフやマダムなどお店の方の雰囲気も、貫禄あって好きです。

事務所の近所、三条新町にある辻村久信氏デザインのカフェ[Cao café Ishikawa]（TEL：075-211-1814／map.P107_④）に行きます。日替わりでパスタがあるので、毎日行っても飽きません。スタッフもみんな気さくで楽しいです。

Q3 花を贈るときに利用するフラワーショップは？
お祝い、訪問など利用頻度が多い花屋さん。電話で用意してくれる店があると安心できる

ANSWER 3

木屋町松原の[花の店みずほ]（TEL：075-361-0487／map.P107_④）で、開店祝いのお花を用意してもらいます。仲間うちでは現金のお祝いをすることも増えました。さすがに目上の方にはしませんが。店の神棚の榊もここで買います。

最近4、5年は、堺町蛸薬師の[BAIAN]（TEL：075-222-1181／map.P107_④）に、お祝いのお花を頼むことが多いです。贈った相手の評判がよく、届いたお花で最高だったと何度か言われました。オーナーの中野さんのセンスに脱帽です。

Q4 引っ越して暮らすなら、どこがいい？
想定外の質問をされた場合でも、きちんと自分の言葉で答えられる芯の強さがあるといい

ANSWER 4

古い銭湯が多いイメージの宮川町通の柿町通から団栗あたりに住んでみたいですね。人通りや車が少なくて静か、八百屋さんや豆腐屋さんがある古い町並みも好きです。その古い銭湯もどんどん壊されていて、とても残念です。

京都市内の西や北の方は、自然に囲まれ空気がきれいなので住みたいです。僕は、日ごろ、街中でせわしなくしていますが、ここならON・OFFの切り替えがうまくできそうです。街中からの通勤距離があるのも頭を整理できそうでいいな。

OMOTENASHI KYOTO

細尾
取締役　細尾真孝さん

1688年創業の西陣織の老舗[細尾]の取締役・クリエイティブディレクター。世界に誇れる新しい西陣織を発信し、手がけた商品は、すでに世界の高級ブティックやホテルで使用されている。

map.P104_① ※ショールーム要予約

開化堂
六代目　八木隆裕さん

130もの工程を全て手作業で完成させる、140年続く茶筒専門店[開化堂]の6代目。イギリスにあるティー専門店[ポストカード ティーズ]で10日間の実践販売をしたところ人気が出た。現在は、世界で需要がある。

map.P108_⑤

聖護院八ッ橋総本店
専務取締役　鈴鹿可奈子さん

3年前に立ち上げたブランド「nikiniki」を含め、創業1689年の歴史を持つ聖護院八ッ橋総本店全体の企画・経営に携わる。これからも八ッ橋が続いていくために何が出来るかを日々考え、新しい視点でアピールしている。

map.P105_②

ANSWER 1

二条城近くの[CLAMP COFFEE SARASA]（TEL：075-822-9397／map.P109_⑦）に行きます。帰りに2階のグリーンショップに寄るのも楽しみ。西陣の喫茶店[珈琲 逃現郷]（TEL：075-354-6866／map.P104_①）はカレーも美味。

五条木屋町にある[efish]（TEL：075-361-3069／map.P106_③）は、そばに流れる鴨川の雰囲気がすごくよくて好きです。八坂の塔の近くの[% Arabica 京都]（TEL：075-746-3669／map.P106_③）は、海外のお客様を連れていきます。

丸太町の[Ital Gabon]（TEL：075-255-9053／map.P105_②）は落ち着いていて、ちょっと疲れたときなどゆっくりしに行きます。[WEEKENDERS COFFEE]（TEL：075-724-8182／map.P105_②）はコーヒー豆の販売専門店です。

ANSWER 2

智恵光院今出川の[蕎麦屋 にこら]（TEL：075-431-7567／map.P104_①）、昼のみ食べられる[鳥岩楼]（TEL：075-441-4004／map.P104_①）の親子丼。西陣以外なら、二条車屋町にある[本家尾張屋 本店]さんのおそばかな。

以前、近くに住んでいた山科の渋谷街道にある[ステーキハウスやまと]（TEL：075-581-7078／map.P104_①）のお肉たっぷりのお弁当は、幼い頃の思い出の味。最近、ランチタイムは行列で、入れたことがありませんが…。

[ボタン]（P42）は猪のお肉を使ったお料理の専門店、ランチでよく利用しています。[おくだ]（TEL：075-722-0965／map.P105_②）は大きなカツと大きなごはんで、おなかがいっぱいになるけど胃が重たくなることはありません。

ANSWER 3

柳馬場三条の[Flower Works 芽々]（TEL：075-257-7280／map.P107_④）。辻さんは大学時代からの友人でもあり、開店祝いに贈る店に合わせてくれるので信用しています。電話で相談、配達をしてくれるのも助かります。

飲食店や映画館、雑貨店、インテリアショップが入っている四条烏丸の[ココン烏丸]1階[odette]（TEL：075-353-4687／map.P107_④）で、ブーケをよく作ってもらいます。お店に飾るお花も、買うことがあります。

[フローリストショップ プーゼ 寺町二条本店]（TEL：075-253-0077／map.P107_④）は本当に素敵な花束を作ってくださいます。特に白とグリーンなどのあっさりした色の組み合わせをすっきり仕上げてくださるのが、嬉しいです。

ANSWER 4

実は半年前に引っ越した油小路御池あたりが気に入っています。静かで、飲食店のバリエも豊富。特に近くの[Sol]は、僕たちが伝統工芸をクリエイティブな産業にしようと活動している「go-on」の打ち合わせで集まる場所。

自然環境のいい郊外へ行きたいですね。パリ郊外のリモージュに工房がある[J.M. WESTON]の工房がそんな感じで、職人さんは景色に癒されながら仕事をされていました。景色とか環境のいいところでモノづくりをすると良いものができると思っているので、そういう環境でしてみたいです。

今のエリアが気に入っています。一族が集まって住んでいるということもあり、また社家をしている吉田神社の近くで護られているような気がしますし、歩いて行きやすいです。少し入った住宅地のため、静かなのもありがたいです。

OMOTENASHI KYOTO
Column
ART

無造作に置かれた文献や資料、古い絵画や版画など、
実は博物館級の貴重なものばかり

心を伝えることで広まった
京版画、徳力富吉郎の作品

代々、西本願寺絵所を預かる旧家、徳力家の十二代目、徳力富吉郎（1902〜2000）は、日本画家土田麦僊（1887〜1936）に師事し、国展にて樗牛賞・国画賞など多数受賞し、昭和初期からは木版画に取り組んだ。江戸時代、浮世絵の制作を支えた職人衆で、現在の出版社のような組織である版元。彼は、京版画の伝承と次世代後継者を育成することを目的として版元組織［版元 まつ九］、資料館［京都版画館］を創設した。

予約制で見学できる［京都版画館］には、徳力富吉郎が参考資料として集めた貴重な古版木、古版画が展示され、中には日本最古の版画「東大寺百万塔」もあり、版画研究者や版画家を目指す若者が訪れる。また、徳力版画作品を購入できる店舗も併設。京都の四季の絵はがき、文具、インテリアなどが揃う。

実は、徳力版画は私たちの暮らしに溶け込んでいる。京都の老舗和菓子店の包装紙、有名鞄店のロゴ、神社の鬼の面など。彼は現代のプロデューサーのような存在で、版画デザインだけでなく、商品の売り方までを提案していたという。伊勢名物「赤福」が、日替わりで発行する「伊勢だより」もその一例だ。彼は、版画を生活に根ざすような芸術にしたかった。そのためには、すぐに飾れること、使用できること、そして、そこに心がこもったメッセージが隠れていることが必要だと考えた。「伊勢だより」を飾る人や、包装紙をブックカバーにする人は少なくないと思う。それは、彼が目指したことであり、現在でも、［版元 まつ九］の職人達が意思を受け継いでいる。

information

京都版画館 版元まつ九（きょうとはんがかん はんもとまつきゅう）
住所：京都市左京区聖護院蓮華蔵町33
TEL：075-761-0374
営業時間：10：00〜16：00
定休日：日曜、祝日休
要予約／入館無料／1991年創設

map.P105_②

OMOTENASHI KYOTO *column*

63

天野祐子展示風景 撮影：大西正一

石塚源太／漆塗りの階段 コレクション：OZASA KYOTO 撮影：表恒匡

OMOTENASHI KYOTO
Column
STAY

「宿泊型のアートスペース」として、2015年2月にオープンした宿泊施設。この新しいアート観賞プロジェクトは、美術作家の矢津さんが、現代芸術作家のサポートを目的に、京都市内に3軒のシェアスタジオを持つ[A.S.K atelier share kyoto]の協賛のもとスタートさせた。彼が代表を務める「kumagusuku」は、瀬戸内国際芸術祭2013の期間中、小豆島の「醤の郷＋坂手港プロジェクト」で宿坊を改装、3ヶ月限定のオープンを経て、京都で本格始動した、宿泊しながら作品を鑑賞するアートスペースの名前。彼は、長く温めていたこのスタイルに手応えを感じた。通常ギャラリーや美術館では、展示作品の前を通り過ぎるだけ。しかし、宿泊すると観賞者は体験として心に残る。展示するアーティストは、じっくり観賞されることで満足を得られる。現状では得られない刺激が双方に生まれたという。展覧会はキュレーターを替えて、年1回のペースで新しい展示に変わる。毎回、異なる空間に期待したい。

　他にも、アートに触れる演出がある。実は、建物の一部が作品になっているのだ。京都で活動するアーティスト集団「APP ARTS STUDIO」は、「工芸の家」というプロジェクトを立ち上げ、経年変化を楽しむための仕掛けを施した。1階奥にある、スペース「art space ARE」にある3本の柱は漆、床には陶芸、隣との塀には染色の各アーティスト作品が使われている。2階へ続く階段も別の漆作家の作品。アート好きな人はもちろん、今まで興味がなかった人にこそ泊まってもらいたい新しい試みだ。

部屋の内装やインテリアは、居心地がいいものに。様々な作品が展示される場合を想定して、ニュートラルになれる場所にした。2015年秋までの展覧会「光の洞窟」は、キュレーター奥脇嵩大、出品作家は、exonemo（アートユニット）、天野祐子（写真家）、Sarah Vanagt（映像作家）、国際科学映像アーカイブ「エンサイクロペディア・シネマトグラフィカ」　建築設計：dot architects　グラフィックデザイン：UMA/designfarm

宿泊しながら芸術鑑賞できる
展示だけでなく、建物も作品

[APP ARTS STUDIO]メンバーで、染色家の安藤隆一郎さん。通常布地を染める染料で板を青色にした。素材を替え新しい「色」に挑戦。太陽、風、雨などにさらされ、どのような変化を遂げるのか楽しみにしている

[kumagusuku]代表の矢津吉隆さん。施設内に、キッチンを作ったのは、そこに人が集うため。一般の人、アーティスト、国境を飛び越えた交流の場になればいいと願う

[APP ARTS STUDIO]メンバーで、漆作家の染野聡さん。[art space ARE]の3本の柱を「御柱」に見立て、塩を盛るための皿など、様々な飾りを施している。普段気にとめない、朽ちた表情や壁のヒビに目が向かうような、価値観のスイッチを押す場所になればと話す

information

KYOTO ART HOSTEL kumagusuku ＋ art space ARE
（キョウト アート ホステル クマグスク プラス アートスペース アレ）
住所：京都市中京区壬生馬場町37-3
TEL：075-432-8168
※予約はHP（www.kumagusuku.info）の予約フォームより
定休日：無休
シングル／1泊7000円、ツイン／1泊1名利用8500円 2名利用1万5000円、ロフトツイン／1泊1名利用7500円 2名利用1万3000円、シェアルーム（女性専用4人部屋）／1泊1人5000円 貸切1万8000円※すべて素泊まり料金、プラス500円で朝食付き（以上税別）／カード可／オープン日：2015年2月

map.P104_①

りんごとカスタードの組み合わせ 甘酸っぱいタルトタタン

てふてふ

タルトタタン

2700yen(including tax)

シナモン入りのタルトの土台の上にはきび糖を使ったカスタードクリーム。それを覆うリンゴは、バニラビーンズとバターで煮詰めた後、じっくりオーブンで焼いた紅玉。「食べるのも作るのも大好きなんです」と話すようこさんのレシピはどうしても入れたかったというカスタードクリーム入り。以前は東京で「もみじ市」などイベントへの出店やケータリング、お菓子教室を開いていたようこさんが縁あって京都で店を持つことに。まるで人柄を表すような優しいお菓子が、食べた人の気持ちを温かくする。

information

てふてふ／住所：京都市北区紫竹下園生町38-10／TEL：なし／営業時間：11:00〜18:00／定休日：金・土曜のみ営業、臨時休業有／オープン日：2014年12月／イートイン不可

map.P105_②

食感と香りが幸せを運んでくれる
まさに本物のクロワッサン

ピエール・エルメ・パリ ブティック

クロワッサン イスパハン

410yen(including tax)

［ピエール・エルメ・パリ］といえばマカロンやショコラをイメージするが、ヴィエノワズリーも絶品だということをご存知だろうか。中でもクロワッサンは「Le Figaro」誌にて「パリで最も美味しいクロワッサン」と称されたほど。そのクロワッサンに、フランボワーズ、ライチジェリーのマジパンが入ったクロワッサン イスパハン。鼻腔に抜けるローズの香り、リッチなバターの香ばしさに、一瞬に虜になる。日本では、［ザ・リッツ・カールトン京都］内のブティックのみで購入できる。他に、パン オ ショコラ 324円（税込）などもある。

information

map.P107_④　ピエール・エルメ・パリ ブティック／住所：京都市中京区鴨川二条大橋畔　ザ・リッツ・カールトン京都 1階／TEL：075-746-5555(代表)／営業時間：11：00～19：00／定休日：無休／オープン日：2014年2月／イートイン不可

SHOPPING MANUAL
Made in Kyoto

今までの固定概念を覆す産地で選ぶチョコレート

BENCINY

ニカラグア

1500yen(excluding tax)

パプアニューギニアはベリーの酸味、マダガスカルはまったりした風味、とカカオ豆の産地により異なる個性を楽しめるチョコレート。Bean to Barというスタイルは、豆の焙煎からチョコレートになるまでの工程を自分の工房で行うということ。[BENCINY]の宮本さんもこのBean to Barスタイルに魅了されたひとりで、この世界に入る前は写真家として活動していたという異色の経歴の持ち主。「ひとつのことに集中したい、職人気質なんです」と語る宮本さんが追求する、究極のチョコレートをぜひ。

information

BENCINY（ベンチーニ）／住所：京都市左京区岡崎西天王町84-1 M&M's apartment 1-B／TEL：075-761-3939／営業時間：12：00〜17：00／定休日：不定休／オープン日：2015年1月／イートイン不可

map.P105_②

爽やかな口当たりが心地よい
栗とレモンのハーモニー

サロンドロワイヤル京都

モンブラン

550yen(including tax)

繊細に絞り出されたマロンクリームの中に隠れているのは、レモン風味のクリーム。底に敷かれたパイの上にはチョコレートでコーティングされたサクサクのメレンゲ。食べ飽きないよう、軽やかに仕上げられたモンブランは昼過ぎには売り切れてしまうこともある。シェフパティシエの垣本氏は、2013年のワールドチョコレートマスターズ in Parisで総合第4位に輝く実力派。その力はチョコレートのみならずデセールにも発揮されている。店頭ではボンボンショコラも豊富に揃えられ、イートインも可能。

information

map.P107_④　サロン ド ロワイヤル京都(サロン ド ロワイヤルキョウト)／住所：京都市中京区木屋町通御池上ル上樵木町502／TEL：075-211-4121／営業時間：11：00〜20：00(LO／19：30)／定休日：不定休／オープン日：2012年9月／イートイン可

SHOPPING MANUAL
Made in Kyoto

毎日食べても飽きない 京の味を我が家にも

京・錦 田中鶏卵

京だし巻き（中）

600yen (including tax)

ふっくらとして、口に入れた瞬間にジュワッと溢れるダシ。「自分で作るものとは、何が違うのだろう…」と考えさせられてしまう。材料は、昆布と2種類の削りぶしでとったダシに、卵と塩、薄口醤油、だし汁を生地にとどめさせる為のほんの少しのでんぷんと、いたってシンプル。長年の経験と技が、真似のできない美味しさを作り上げている。京の台所と言われる錦市場にあり、観光客も地元客も連日列をなしている。サイズは大・中・小の3種、冷蔵庫の保管で日持ちは翌日まで。

information

京・錦 田中鶏卵（きょうにしき たなかけいらん）／住所：京都市中京区錦小路通富小路西入ル東魚屋町185／TEL：075-221-2094／営業時間：9：00～18：00／定休日：無休／オープン日：1940年／イートイン不可

map.P107_④

OMOTENASHI KYOTO

酒の個性を尊重し
今も昔も手づくりする

増田德兵衞商店

京都・祝米純米大吟醸にごり酒 720ml

2916yen(including tax)

伏見の造り酒屋として、延宝三年創業という歴史を持つ。銘は「月の桂」で、厳冬期に手づくりで仕込みをするという昔ながらの酒造りを行っている。紹介する「祝米純米大吟醸にごり酒」の祝(いわい)米とは、伏見の農家と特別に契約し、無農薬栽培で醸育された良質な酒米を使用。一時は姿を消したこともある米を再び栽培し、現代に見事に甦らせた。瑞々しく爽やかで、シャープな味わいが特徴。昔ながらのにごり酒の基本といえる発泡性を備え、しっかりと個性を感じる一本に仕上げられている。

information

map.P104_①　増田德兵衞商店(ますだとくべえしょうてん)／住所：京都市伏見区下鳥羽長田町135／TEL：075-611-5151／営業時間：9：00〜17：00／定休日：日曜、祝日／オープン日：1675年創業

創業二百年の暖簾をくぐって上生菓子をもとめる

亀末廣

上用饅頭、こなし

各 *400yen(including tax)*

江戸時代には徳川家が宿としていた二条城や、都が江戸に遷る前の御所にも菓子を納めていたと伝えられる老舗。上生菓子は毎日4種程が用意される。上用饅頭の表面に押されている焼き印は季節によって変わり、写真は雪輪。こなし(練り切りのような菓子)は梅を象っており、鮮やかな色味が美しい。どちらとも中にこし餡が入っている。重厚感のある建物で、戸を開く前は少し緊張するかもしれないが、中に入れば親切な対応に心もほぐれる。京の老舗へ直接訪れることが出来るという喜びを満喫したい。

information

亀末廣(かめすえひろ)／住所：京都市中京区姉小路通烏丸東入ル車屋町251／TEL：075-221-5110／営業時間：8：30〜18：00／定休日：日曜、祝日／オープン日：1804年創業／イートイン不可

map.P107_④

お皿の上で並べてみるのも楽しい
お茶の時間を作るきっかけにしよう

UCHU wagashi FUKIYOSE

bird

1080yen(including tax)

今までにないデザインの落雁を提案する[UCHU wagashi]を西陣で開店させたのが2010年。プロデューサーの木本さんは、「生活の中でお茶席の楽しみを知って欲しい」と現代的なデザインと伝統を融合させた落雁を作った。「色々なアイデアを吹い て寄せて、新しいことを集めたい」と新店舗をオープン。落雁、金平糖、琥珀が詰め込まれたカラフルなfukiyoseや、白と青でシンプルにまとめられたbirdなど、箱ごとにテーマがあるので、贈る相手のことを考えてじっくりと選ぼう。

map.P105_②

information

UCHU wagashi FUKIYOSE（ウチュウ ワガシ フキヨセ）／住所：京都市上京区寺町通丸太町上ル信富町307 ／TEL：075-754-8538／営業時間：10：00～18：00／定休日：月曜(祝日の場合は営業、翌日休)／オープン日：2014年11月／イートイン不可

SHOPPING MANUAL
Made in Kyoto

履き古した靴と会話して作る
足の悩みを解決するフルオーダー

7th seed

フルオーダーメイドシューズ

110,000yen(excluding tax)

ドイツ式の整形靴を学び、その技術を義肢装具会社で発揮してきた新井さんは、靴を見ただけでその人の癖や痛い箇所がわかる。よく当たる占い師のようで、ちょっと怖い。彼の作る靴は、ファッション性に優れ、足に良い影響を与える。さらに、「既製の靴を履けない方に、オシャレを楽しんでもらいたい」と、足にハンデがある人が、ワクワクして外に出たくなるような靴制作にも取り組む。オシャレを諦め、全てを放棄しそうな人を何人も靴で救ってきた。まずはオーダー中敷きで、実力を確認したい。

information

7th seed（セブンス シード）／住所：京都市北区上賀茂今井河原町87／TEL：075-746-6292／営業時間：10:00〜20:00／定休日：不定休／オープン日：2014年4月

map.P105_②

1日に80キロメートル走っても疲れない旅をするために。

I'S BICYCLE

GRAND BOIS

300,000yen(excluding tax)

　1970年代、旅のための自転車「ランドナー」の黄金期だった。立命館大学サイクリングクラブで、自転車旅に夢中になった土屋さんは、1987年に［I'S BICYCLE］を創業。カーボンフレームで大量生産が可能な今に、職人の丁寧な手仕事が集結したランドナー自転車、フルオーダー［GRAND BOIS］、セミオーダー［ÉTOILE］を製造・販売している。新しいけれど、懐かしい優美なフォルムは、既成の製品に頼らず、一つ一つの部品から作るため。見た目だけでなく、当時のストーリーまでも込めて再現する。

information

map.P104_①　　I'S BICYCLE（アイズ バイシクル）／住所：京都市右京区龍安寺塔ノ下町1-8　／TEL：075-461-0835／営業時間：10：00～18：00／定休日：火・水曜／オープン日：1987年3月

仏具や茶道具、武具に使われきた、存在感のある絹100％の実力

昇苑 くみひも

三撚紐（全32色各3m）・江戸紐（全6色各3m）

350yen・600yen(excluding tax)

組紐とは3つ以上の束を組み合わせる伝統的な紐。[昇苑くみひも]は1948年創業、帯締めを一本ずつ職人が作る「手組」を今も続ける専門店だ。帯締めなどで培われた技術を用いて3束の絹糸を撚った三撚紐（みつよりひも）、8個の玉を使ってしっかりと組まれた江戸紐が世界から注目を集めている。西陣で染めた、光沢のある鮮やかな発色はそれだけで存在感たっぷり。例えば、三撚紐をさっと手首に巻いてブレスレットに、瓶やナチュラルな紙を使ったラッピングに。相手がナチュラルであるほど相性がいい。

information

昇苑くみひも（しょうえんくみひも）／住所：宇治市宇治妙楽146／TEL：0774-23-5510／営業時間：10：00〜17：00／定休日：木曜、第2水曜／オープン日：1948年創業

map.P104_①

初めての挨拶だからこそ
思いが伝わる紙と印刷を選ぶ

りてん堂

名刺（100枚）

6800yen〜 (including tax)

　自分を紹介する上で大切なツール、名刺。気に入ったものを持てば素敵な縁を運んで来てくれるような気がする。こだわりたい人におすすめなのが、活版印刷で一枚ずつ刷られる[りてん堂]の名刺。温かさのある文字が特徴だ。店主の村田さんはグラフィックデザイナーとして仕事をしながら、活版印刷について学びたいと東山にあった活版印刷所で修業する。後にこの工場が閉まる際、印刷機を譲り受けたのがきっかけとなり現在に至る。ハガキやフライヤーの印刷も可能。事前に要相談。

information

map.P105_②　りてん堂（りてんどう）／住所：京都市左京区一乗寺里ノ西町95／TEL：075-202-9701／営業時間：10：00〜18：00／定休日：日曜、祝日、不定休有／オープン日：2012年6月　※価格は用紙代を含みません

デザインでは選ばない彼らの
シンプルでかっこいい生活雑貨

LADER

道具の試用

0yen(including tax)

飲食希望の宮崎さんと、実際に試せる雑貨店がしたい橋本さんの夢をカタチにしたカフェ兼ショップ。2012年にWebショップをスタート。友人が語っているような商品説明が話題になり、SNSで広がった。商品は台所用品が中心。2人が使って良いものを選び、足りないアイテムを追加する。毎度自分たちで、"良い"の指標を模索し、"誰かの価値観"は鵜呑みにしない。キッチンには試用クロスが山積み、くっつかないコーティングも扱うが、サスティナブルな鋳鉄のフライパン（2000円〜税別）を薦めるのも納得だ。

information

LADER（ラダー）／住所：京都市南区東九条西山王町1 2F／TEL：075-201-8688／営業時間：11：00〜19：00／定休日：火・水曜／オープン日：2014年1月

map.P108_⑤

OMOTENASHI KYOTO

和花を中心としたセレクトで
今までにない花との暮らしを

みたて

原種のクリスマスローズ（3鉢）・古い升

3600yen・2000yen(including tax)

植物が持つ本来の姿に［みたて］が新しい価値を見出して、提案する。例えば枝を古い花器に挿すだけで、凛とした雰囲気が生まれる。これを部屋に飾れば、きっとセンスのある人と思われるだろう。［みたて］で、花と同じくらい大切にしているものが器。ほとんどが一点もので、古いものや作家に特注したものが並ぶ。特に贈りものを選ぶ時は、そのまま飾れるように花や木と花器を合わせて購入することがおすすめ。植え替えや寄せ植えも相談に乗ってもらえる、5000円以上は京都市内の配送が無料。全国発送可。

information

みたて／住所：京都市北区紫竹下竹殿町41／TEL：075-203-5050／営業時間：11：00〜18：00／定休日：月曜／オープン日：2013年4月

map.P104_①

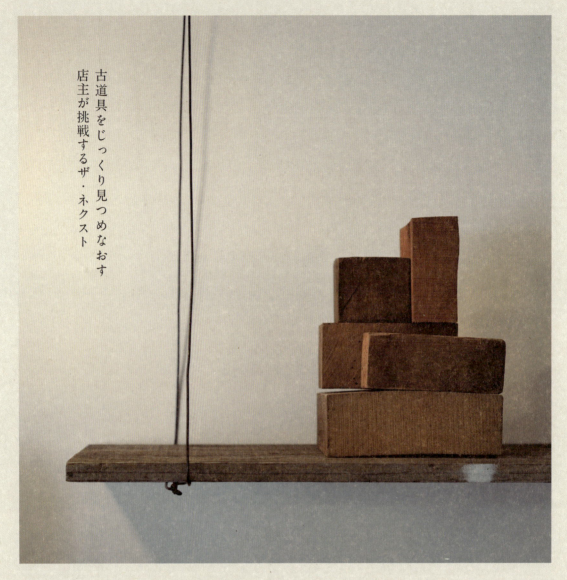

古道具をじっくり見つめなおす
店主が挑戦するザ・ネクスト

Soil

積み木

5000yen(including tax)

北欧の古民具やヴィンテージを中心に取り扱う南禅寺の[Soil]が移転した。真っ白の外観、ミニマムで簡素な新店舗は、これまでのイメージを裏切るもの。使用している什器は同じでも違って見える。商品は、従来のヨーロッパをメインに、日本、アジア、東欧を加えた。写真は廃業した木地師から譲り受けたもので、漆器になる予定だったよく乾いた材料を積木に見立てたオブジェ。他には、蛍光を塗った古いタイル、古材と針金で作った什器など、芸大出身の店主のセンスが新しい古道具の世界を開く。

information

Soil（ソイル）／住所：京都市左京区北門前町476-1／TEL：なし／営業時間：12：00〜19：00／定休日：水・木曜、他不定休有／オープン日：2015年1月移転

map.P108_⑤

OMOTENASHI KYOTO

Column
MARKET

FRANK WORKS MARKET

「街を変える人」とは、こういう人なのか？このマーケットを企画している百々さんは、そんな人だ。彼はこのビルのオーナーと旧友で、共同でレンタルフォトスタジオ「FRANK WORKS STUDIO」を造った。古いインテリアや小物が配置され、柔らかい太陽光が射し込む。撮影するには最適の場所に仕上がった。このスタジオを、「たくさんの人が集まり、繋がる場所にして、この辺を賑やかにしたい」と始めたのが「FRANK WORKS MARKET」。2014年10月のスタートに向け、まず百々さんがしたのは、京都で活躍する店に飛び込み、出店をお願いすること。「儲かりませんが、楽しいです」、この人だと思う人に声をかけて回った。断られて当たり前と果敢にアプローチを続け、賛同を得られたのは約2割。平尾さん、折竹さんと協力してやっと20店舗ほどが集まり、無事開催できた。告知はフライヤーとFBだけ。3人が声をかけたのは、人を集める力に長けている人ばかりだったようで、マーケット当日はたくさんの人が集まった。「百々さんたちの熱心さに共感して」、出店を決めた人は口をそろえる。「車を運転していても、歩いていても、マーケットお誘い目線ですね。街の見方が変わりました」と百々さん。今後の店セレが楽しみだ。

「仲が良い証拠に」と、手をつなぐパフォーマンスをしてくれたノリのいい、大人3人。右から、企画者でスタジオを運営する百々さん、ビルオーナーで建築デザイナーの平尾さん、グラフィックデザイナーでスタジオ広報担当の折竹さん

information

FRANK WORKS MARKET（フランク ワークス マーケット）
住所：京都市下京区中堂寺前田町9-9
TEL：075-746-6239
営業時間：10：00～18：00
開催日：毎月第3日曜
スタート：2014年10月19日に第1回開催

map.P104_①

1. 毎日が蚤の市！ 三条高倉のアンティークショップ [70B ANTIQUES]。スタジオのインテリアはこちらの商品も多い 2. 本誌 P74 でも紹介している [7th seed] の新井さんは、見ず知らずの百々さんに賛同した1人 3. [つくるビル] にある、レーザーカッターを使ってものがつくれるお店 [sac sac] 4. エアブラシやシルクスクリーンでプリントした日本製にこだわったブランド [free rage] 5. 京都発、スケートボーダーブランド [KD] 6. 百万遍の [cicli KATSUO] の自転車を展示 7. 出町柳のお花屋さん [花 m]。寒さに強く家でも育つ植物を販売 8. 京都のヴィンテージブティック [Pauls'] のお手伝いの酒井さん。スタジャン推し 9. レザークラフトを販売する [Gypsy Works] の内永さん 10. キッズに USA 古着ファッションを提案する南区の [leap] 11. ここでも大人気 [CLAMP COFFEE SARASA] 12. 健康志向だという、[HEADBUTT ANARCHYS] 信幸&和幸兄弟と [MAD DESIGN SOCIETY MCML XXVI] の稲田さんの洋服が並ぶスペース 13. rei huh omori さんは1回目から参加。ここで会話をしながら絵を描くのが楽しい 14. pon と kao と jure の3人で、コーヒーに合う季節の焼き菓子を作る [LOCAL] さん。手作り市で、百々さんに声をかけられた 15. 写真館のような撮影スペース [sarugraph] の酒谷さんは、プロのカメラマン、子ども連れが多いこのイベントにピッタリの企画 16. 西院の人気居酒屋さん [布] さんの豚汁 ※実際の店名は旧字 17. ライブ会場でナンパされたと、スチールパン奏者の村治さん 18. イベント出店が多く、見るとホッとして食べたくなるカレー [森林食堂] 19. 平野さんの友人。屋上にビールがよく似合う 20. 階段に展示 [MISTER HATOPOPPO] 21. 1F には常設テナントが2軒。[ダイニング SO-SO] は、マーケットの時は特別メニューもあり 22. 暮らしに愉快な風を届ける店 [tococie]。洋服を作る渋谷さんとアクセサリー作家の新貝さん。2人のアイデアはいつもリビング生まれ

OMOTENASHI KYOTO **LUNCH**

おもてなしランチ
OMOTENASHI LUNCH

お昼時にしか外出できない場合には、一瞬でも手を抜かない料理人がいる店に行ってもらいたい。その時来てくれたお客さんを大切にする一期一会の精神で、限りある時間を素敵に演出してくれるから。

à peu près
六条烏丸

フランス帰りの女性シェフは期待や評判を裏切らない腕前

　100年を超える町家を改装したフランス料理店。今でも古い民家が残る住宅街に、ひっそりとオープンしている。店名は、フランス語の「だいたい」を意味し、ルールやマナーを気にせず食事を楽しんで欲しいと付けられた。竹村瑞穂シェフは、5年間フランスでシェフを経験し、20代でこの店をスタート。現在は、1人で料理をこなし、日曜は1日3回料理教室を行い忙しい毎日を過ごす。連日、席は、ほぼ女性の予約で埋まる。野菜と肉、魚の分量が適度でボリュームがあり、デセールは、極端に美味しい。

#ランチ　#町家　#フレンチ　#庭　#コスパ

information
à peu près（ア ブ プレ）
住所：京都市下京区銭屋町249
TEL：075-361-3231
営業時間：11：30～15：00(LO／13：00)、18：00～22：00(LO／20：00)
定休日：火曜昼、日・月曜
席数：テーブル15名／オープン日：2007年9月

map.P108_⑤

 昼コース 2100円～、夜コース 3500円～　 全席禁煙　 カード可　 要予約　 子ども入店可

82

LUNCH *OMOTENASHI KYOTO*

1〜5.昼のコース2100円に、スープ200円、デセール400円を付けて。食後の飲み物は200円(以上税込)。アミューズ ブーシュはハムとパセリの酸味があるもの、グゼールの塩を楽しむ。柔らかく炊いた大根の中に、フォアグラのフランが詰まった前菜。フランとはクリームと牛乳と卵を使った蒸しもの。百合根のポタージュ、主菜は、まと鯛、ひらめ、ホタテの三種とたっぷり野菜のポワレ ブイヤベース風サフランの香り。秋から冬の定番デセール、紅玉りんごのタルト

OMOTENASHI KYOTO | **LUNCH**

日本料理 京甲屋

堺町蛸薬師

信念を貫いてこそ確立された
京甲屋というスタイル

　店主である池田さんの個性が反映された和食がいただける。例えば造りには焼き海苔のジュレを合わせたり、コースの途中で鉄板焼きが登場したりするなど、自分が本当に美味しいと思うものを提供し、客を楽しませている。「美味しくてええ加減なことをしなかったら、お客さんはついてきてくれます」と信条も頼もしい。和モダンな店の雰囲気は、[NITI]などを手掛ける辻村久信氏によるデザイン。昼、夜共にコースが用意されるが、夜はアラカルトの利用も可能。裏名物は、すっぽん小鍋。

町家 # ランチ # カウンター # 掘り炬燵 # 庭

information
日本料理 京甲屋(にほんりょうり きょうかぶとや)
住所：京都市中京区堺町通蛸薬師上ル甲屋町390
TEL：075-708-5605
営業時間：11：30〜14：30(LO／13：30)、17：30〜22：00(LO／21：00)
定休日：木曜
席数：1Fカウンター9名、テーブル4名×2、2F個室有
オープン日：2010年11月

map.P107_ ④

 昼コース3000円〜、夜コース6000円〜　 全席禁煙　 夜のみ可　 予約がベター　 無　 昼のみ子ども入店可

84

LUNCH OMOTENASHI KYOTO

1〜6.お昼のメニューより縁高コース3000円(税別)。先附け、造り、縁高八寸、名物豚角、釜炊きごはん、わらびもちの6品。店を知る上での自己紹介のような内容なので、初回来店時はこちらがおすすめ

OMOTENASHI KYOTO　LUNCH

店主が「この価格で、このクオリティを食べられたら嬉しい」を実践している点心ランチ1900円(税込)。八寸、焼き物、ご飯、デザートなど計6品、1日10食限定

御料理 辰むら

木屋町四条

店主が食べたい料理と価格で提供するから信用できる

　京都の名店[先斗町ふじた][とくを]で経験を積み2013年夏に自分の店をオープンした。烏丸や祇園のような賑やかな場所でなく、アクセスが良くても静かな四条木屋町南側を選んだ。昭和時代から続く店と、若いパワーが混在するおもしろいエリアだ。彼自身もいい刺激を与え、受けている。昼は、彼の努力を称えたいお得なコースを試すのがおすすめ。2回目以降や、夜はアラカルトを注文しよう。お造りや炭火で焼いた川魚と日本酒、好きなものだけをちょっと食べるのが通っぽい。

#ランチ #カウンター #コスパ #駅近 #隠れ家

information

御料理 辰むら(おりょうり たつむら)
住所：京都市下京区船頭町197
TEL：075-361-3020
営業時間：11：30〜13：00(LO)、17：30〜21：00(LO)
定休日：日曜
席数：カウンター6名、テーブル8名
オープン日：2013年7月

map.P107_④

昼3000円、夜8000円　全席禁煙　カード可　予約がベター　無　子ども入店相談

LUNCH　OMOTENASHI KYOTO

しゅん逢 紗々木

寺町仏光寺

記憶に残るのは新しい感覚の肉を取り入れた懐石

写真は昼のコース、4月の一例。先付はミスジ肉の湯引きゴボウのソース、柔らかいミスジ肉にゴボウの香りが良く合う。飯蛸、蛍イカ、車エビ、フキ、ラディッシュの黄身酢掛け、穴子の釜飯などにデザート、コーヒー付きの全8品で構成される

　食材の"旬"、ゲストとの"一瞬"の出会いを大切にという思いが込められた屋号のように、一期一会の懐石料理が提供される。主人の佐々木さんは老舗懐石［桜田］、肉料理［いっしん］で腕を磨き、そこで得た技を遺憾なく発揮している。料理に使われる牛肉は、和食に馴染ませるよう手間を掛けて脂を落とすなど、日本料理の伝統を崩さない心配りも流石だ。新しさと伝統、二つを見事に掛け合わせたコースは、昼が5400円、夜は1万1500円。内容は月替わりで予約は来店日の2ヶ月前より可能。

ランチ 　# カウンター

information

しゅん逢 紗々木（しゅんあい ささき）
住所：京都市下京区寺町通仏光寺上ル中之町582
TEL：075-354-7177
営業時間：12:00〜14:30(LO／13:00)、18:00〜21:30(LO／19:00)
定休日：不定休
席数：カウンター8名、個室2部屋（4名、6名）
オープン日：2012年8月

map.P107_ ④

昼コース5400円、夜コース1万1500円　全席禁煙　カード可　要予約　無　子どもの入店可（座敷7名以上貸し切りの場合のみ）

87

別館 bar K家
麩屋町三条

金曜は夜更かし
ええ感じ BAR
NIGHT SPOT

食事の後、すぐに帰宅なんてさみしくない？「明日、仕事があるんで」と、帰ろうとする相手は、次の楽しい時間を想像できていないだけ。たまには強引に誘って、予想を裏切る「2軒目」の世界へお連れしよう。

グループでお酒を楽しむならここ
大人の雰囲気で誰もが満足できる

　京町家を改装した和の設えとオーセンティックなバーを兼ね備え、洗練された雰囲気で人気の［K家］の2号店。こちらも立派な日本家屋を改装し、1階には靴を脱いで寛げる個室、2階は10名が入れるほどの部屋に椅子が置かれ靴を履いたまま利用できる。他にも、離れの蔵を含め6つの個室がある。本店とは違い、お酒の瓶は隠され、照明も暗く、センスよく控えめな高級感が漂う。男女交えた大人のグループ利用が多い。ほとんどの女性は新鮮なフルーツを使ったフレッシュカクテルをオーダーする。

#個室 #離れ #庭 #蔵 #町家

information
別館 bar K家（べっかん バー ケーや）
住所：京都市中京区麩屋町通三条上ル下白山町297
TEL：075-255-5244
営業時間：土・日曜、祝日17：00〜翌2：00、月〜金18：00〜
定休日：水曜
席数：1Fカウンター8名、個室4部屋、2F個室2部屋
オープン日：2011年4月

map.P107_④

 3000円　 禁煙席無　 カード可　 予約がベター　 チャージ有　 個室のみ子ども可

OMOTENASHI KYOTO

ハートにカットしたあまおうで、運ばれた瞬間から盛り上がる演出をする。自家製のイチゴシャーベットをシャンパンで割ったスムージー風、1650円(税込)。お酒はすべて店長山本さんが作る。お酒の用意は、本店同様にラインナップしている。店内のムードをさらに良くしている花は、近所の[芽々]さんの作品

OMOTENASHI KYOTO

提供するのは自然派ワインだけ
瓶と造り手の写真がリスト代わり

Deux Cochons
新町蛸薬師

重めでなめらかなトリブレイ(赤)、辛口でミネラリーなトウルネル(白)各900円。生ハム2種 1000円、田舎風豚のテリーヌ 800円、パン1人前 250円(写真は2人前)、オリーブマリネ 300円(以上税込)。店の名刺のイラストは、フランスでワインのエチケットなども担当するMICHEL TOLMERさん作。造り手カトリーヌ・ブルトンさんの紹介で実現した

　粟津さん夫妻は、開店準備のため、1年半かけてフランスの生産者を訪れた。ブルゴーニュを訪れた時、有機栽培のぶどうから造るヴァンナチュールと出合う。強いぶどうを栽培し、添加物を一切加えず、ぶどうの力のみで造る考え方に感銘を受け、自然派ワインのみのワインバーを決意した。ボトルは、壁一面の空瓶と添えられた造り手の写真も見て決めたい。ステキな笑顔は、コミュニケーションがうまくいった証拠だ。赤・白、ロゼ・発泡が、グラスワインで飲める。料理はワインに合わせて用意。

町家　# 自然派ワイン　# フランス

information
Deux Cochons (ドゥ コション)
住所：京都市中京区新町通蛸薬師下ル百足屋町 372-3
TEL：075-241-6225
営業時間：18:00〜24:00(LO／23:30)
定休日：火曜
席数：テーブル12名
オープン日：2007年11月

map.P107_ ④

3500円　全席禁煙　カード不可　予約可　Charge Service 無　子ども入店不可

OMOTENASHI KYOTO

OIL
麸屋町三条

広い空間で大音量の音楽が流れる
ヒソヒソ話不要の開放的なバー

デザインビルの6階。扉を右手に進むと広いメインスペースが目に入り、カウンター、テーブル、ソファ、テラスとあるが、好みの席に座れば、オーダーを聞きに来てくれる。開放的な空間は、一見も常連も変わらず居心地がいい。アートディレクターでもあるオーナー北村さんは、東京から京都へ移ったタイミングで、自分の店をオープン。その時にと集めた1500枚のレコードを1989年頃の［TANNOY］のスピーカーで聴かせてくれる。ジャンルは70年代のジャズ、ファンク、ソウルがメイン。

#ミュージック #テラス #スピーカー

information
OIL（オイル）
住所：京都市中京区麸屋町通三条下ル白壁町442 FSSビル6F
TEL：075-241-1355
営業時間：16：00頃〜翌2：00(LO／翌1：30)、
日曜〜翌1：00(LO／24：30)
定休日：無休
席数：カウンター8名、テーブル50名(テラス含む)
オープン日：2010年1月

map.P107_④

 2000円　 禁煙席無　 カード不可　5名以上は予約可　 無　子ども入店可

91

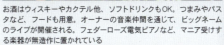
お酒はウィスキーやカクテル他、ソフトドリンクもOK。つまみやパスタなど、フードも用意。オーナーの音楽仲間を通じて、ビッグネームのライブが開催される。フェダーローズ電気ピアノなど、マニア受けする楽器が無造作に置かれている

紫鳳

ぶぶ漬けエピソードと同様に、一見さんお断りのイメージが定着している京都。祇園エリアを中心に、実際にふらっと立ち寄れない店がある。なぜか？ そこにこそ、京都流もてなしが存在する。例えば紹介がないと入れないこちら。ママの竹下さんは、職業、好み、出身など、事前に紹介者にリサーチし、その人に合わせたもてなしを準備する。紹介された人は初めて訪れても、常連のような接待を受ける。紹介者も安心だし、お客様は満足。その場限りでなく、喜びが循環すること。彼女が目指しているスタイルだ。

information
紫鳳（しほう）
訪問する場合は紹介者が必要です
オープン日：2003年8月

竹下さんは、以前、祇園甲部のお茶屋さん街でお茶屋風のバーのママをしていた。ご縁を大切にし、相手を喜ばせるもてなし方は、この頃のお客さんや芸舞妓さんに教わったとか。時には芸舞妓さんに来てもらい、カウンターの向こう側で舞をしてもうこともある。目の前の京舞は、京都らしさを求めて全国から訪れる人に、特に満足度が高い。この日来てくれたのは祇園東の舞妓、富久春さん

紹介された人だけが訪問できる。京都の会員制には理由がある

祇園 葵
祇園

巽神社、巽橋を渡り、路地を進み
看板を指差すのが喜ばれる道順

ワインについて、どんなに初歩的な質問でも、楽しいエピソード付きで答えてくれる石塚さん。グラスワイン1000円(税抜)〜。パティシエが使うスイーツのレシピをヒントに、オリジナルレシピを使った季節のフレッシュカクテル1500円(税抜)〜。きんかんは皮と身の間の美味しい部分の食感を残すため、すりこぎで丁寧につぶす。使うお酒はお好みで。5人以上で訪れる場合は、電話してからが確実

祇園の巽橋から10m。感動するロケーションにあるバー。茶室をイメージし、数奇屋造りに改装された町家で、1階はカウンターと4人掛けのテーブル、2階は個室で芸舞妓さんが踊れるように設えてある。随所に飾られた老舗［花政］の花や、表情がうかがえるだけの調光は、特に女性から好評だ。店を仕切るのは、店長の石塚さん。客を気持ち良くさせるトークで心をほどくプロだ。祇園には［Bar LePeu］［離 HANARE］のグループ店がありどちらも有名。

information
祇園 葵（ぎおん あおい）
住所：京都市東山区清本町371-2(巽橋下ル2軒目西側)
TEL：075-531-0870
営業時間：18：00〜翌3：00
定休日：日曜、祝日
席数：1階カウンター9名、テーブル4名、2階個室16名
オープン日：2012年5月

map.P106_③

祇園 # 巽橋 # 京都風情がすごい
大人空間 # 個室 # 町家

4500円　禁煙席無　カード可　予約がベター　カウンター1人1000円、個室1室2.5時間1万円　個室のみ子ども可

神奈比
祇園

祇園のクラブに慣れてなくても
この店に任せれば接待も万全

2014年11月に22周年を迎えた老舗クラブ。男性なら、祇園のクラブ遊びに憧れることや、接待のセッティングを任されることもあるだろう。そんなとき頼りになる1軒。初回客にも親切で、場所がわからなければ出迎えに来てくれる。会計は単純で、ハウスボトル使用なら1人90分で2万2000円。楽しい時間を共有してくれる女性は、20歳〜35歳で20名が在籍し、クールビューティばかり。誰かに人気が集中することもなく、ギスギス感もないと、不安材料なしだ。春には桜が目の前の窓際は、特等席。

高級クラブ　# 上品　# 祇園　# 川沿いの席

information

神奈比（かんなび）
住所：京都市東山区大和大路通四条上ル二筋目東入ル末吉町81-2
TEL：075-551-6465
営業時間：20：30〜翌1：00
定休日：日曜、祝日
席数：1F10組、2F4組、カラオケ8名、4名
オープン日：1992年11月

map.P106_③

1階は10スペースに分かれている。2階の「はなれ」は15名、4組までが入れる。他に、カラオケ完備の部屋もある。ドレスコードは無いが、作業着やスポーツウェアではなくお洒落して訪れよう

2万2000円〜　禁煙席無　カード可　予約がベター　Charge Service 無　子ども入店不可

OMOTENASHI KYOTO

― 金曜は夜更かし ―
千鳥足土産
―― ちどりあしみやげ ――

百貨店やホテルでの経験も豊富な彼は、街の小さなケーキ店にこそ可能性感じている。美味しいのは当たり前、利益だけを追求せず、真面目に作る。それがみんなに認められるよう腐心する。イチゴのショートケーキ、ガトーショコラ500円、イチゴのデコレーション12cm1850円、ロールケーキ1000円(以上税込)。今後はシャンパンやパンも販売予定

GION TAMAUSAGI
祇園

information
GION TAMAUSAGI（ギオン タマウサギ）
住所：京都市東山区祇園町北側347-154（祇園会館北側西入ル）
TEL：075-551-7501
営業時間：18:00〜翌2:00
定休日：日曜、祝日
席数：イートイン不可
オープン日：2014年10月リニューアル

map.P106_③

世界各地のシェフがその腕を競う「世界料理オリンピック」「世界料理コンクール」で日本代表として出場し、見事にメダルを勝ち取ったパティシエ村上貴さんが責任者を務めるパティスリー。場所柄ナイトクラブでのお祝い利用が多いが、彼はそれをチャンスと狙っている。購入されたケーキが店で振る舞われ、それが評価されれば一気にクチコミが広がるからだ。片方だけの靴を模したアントルメは、真夜中のスイーツ店らしい。誰かがシンデレラと呼んで、ストーリーができあがる日も近そうだ。

祇園 # 持ち帰り # 出前 # 深夜スイーツ

祝い、土産にと真夜中も買える
世界が認めたメダルスイーツ

96

ぎょうざ歩兵
祇園

遠慮がちな店構えに似合わず
がっつり記憶に残る餃子2種

切り通しと末吉町通の交差点、北側が撮影スポットの巽橋という、京情緒漂うエリアにある。小さな店はいつも満席。それも承知で訪れる客は、客同士で話しながら焼けるのを待っている。メインはニンニク有りの餃子と無しの生姜餃子の2種類。後者は甘くなりすぎないように調整した味噌と酒、水、たっぷりの生姜を煮詰めたタレで食べる。どちらもビールにも、ご飯にもよく合う。1軒目で来て、2軒目のクラブで出前、締めに鬼シジミエスプレッソと土産を買う、一晩で何度も来る強者の常連も居る。

祇園　# 持ち帰り　# 出前　# 生姜　# シジミエスプレッソ

information
ぎょうざ歩兵（ぎょうざほへい）
住所：京都市東山区清本町373-3（末吉町切通し東北角）
TEL：075-533-7133
営業時間：18：00〜翌3：00
定休日：日曜、祝日
席数：イートイン可（カウンター12名、テーブル8名）
オープン日：2011年10月

map.P106_ ③

餃子1人前(8個) 420円。持ち帰りは同価格、配達は2人前から+200円。焼けるまでは、壺きゅうり320円、肉味噌もやし420円、ポテトサラダ370円(以上税込)をおともにのんびり待とう

秀蛸
祇園

出前で評判が広がったタコ焼き店
お得意さんには、舞芸妓さんも

9周年を迎えたばかり。現在は木屋町、梅津にも出店。定番はソース、醤油、塩、そのままの素焼き。変わり種も増え、ピザソースは舞妓さんに熱烈なファンがいる人気メニュー。全て8個700円(税込)。マヨネーズ&ネギは、50円(税込)でトッピング可能

華やかな飲食店が並ぶ祇園の中心、花見小路通に面したビルの1階。そこでは「タコ焼きは、気合いだ」と言わんばかり、威勢がいい若い男性スタッフが汗をかきながら焼いている。出来上がりまでは15分。その間に、焦げないように丁寧にひっくり返し続け、さらに温度の違う鉄板へ移して中はトロっと外はカリカリに仕上げる。配達の場合は、走って熱いまま届ける。隠れ家的、飲み屋への配達利用が多いため、店で食べる客は少ない。お土産でも十分美味しいが、機会があれば現地で食べたい。

information
秀蛸(ひでたこ)
住所:京都市東山区清本町353-1 花見小路ビル1F
TEL:075-541-5000
営業時間:20:30〜翌4:00、金・土曜〜翌5:00、日曜〜翌3:00
定休日:不定休
席数:イートイン可(カウンター10名)
オープン日:2005年12月

map.P106_③

祇園 # 持ち帰り # 出前 # 深夜営業

ぎをん まとゐ鮨
祇園

祇園を満喫した日には
気の利いた家族サービスを

黄金巻きの玉子焼きは、卵白に魚のすり身と卵黄をまぜじっくりと焼き上げる。職人の技により黄金色に光る卵焼きが出来上がる

京都で育った人ならば、包み紙に見覚えがある人も多いのではないだろうか。ほろ酔いで上機嫌の父が家族のために買って帰った夜のお土産である。創業は昭和12年と古い。店舗では江戸前にぎり、京ずしがいただけるが、巻き寿司など持ち帰り用のラインナップが豊富。大きい玉子が何とも贅沢な太巻き2300円、海鮮が巻かれたまとゐ巻2800円のほか、黄金巻2200円、ごま巻2000円（以上税込）と、オリジナルの太巻きだけで4種類。一本8切れ、ボリュームがあるので、多い場合はハーフサイズを選ぼう。

祇園　# 持ち帰り　# 出前

information
ぎをん まとゐ鮨（ぎをん まといずし）
住所：京都市東山区八坂新地末吉町（四条通縄手上ル一筋目東入）
TEL：075-561-0543
営業時間：17:00〜翌2:30
定休日：日曜、祝日
席数：イートイン可（カウンター13名、テーブル4名、2階座敷24名）
オープン日：1937年

map.P106_③

生キャラメルエクレア　一善や	ÉCLAIR COLLECTION
320yen(excluding tax)	

心に残る味わいに秘められたのは
甘みの中に存在する少しの苦み

シュー生地に挟まれたキャラメルクリームの中には、生キャラメルが挟まれ、甘みだけではなく、ほのかな苦みが味わいを複雑にしている。その苦みの秘密はシュー皮に塗られた焦がしキャラメル。それらがバランス良くまとめられ、大人の味わいといった雰囲気。「基本は引き算」とシェフが語るケーキづくりは、素材が持つ美味しさを最大限に引き出したいという願いから。余計なものは省略し、シンプルに仕上げられるケーキは和の心を感じさせる。北白川にある店舗では工房の様子を見ることもできる。

information

一善や(いちぜんや)／住所：京都市左京区田中東高原町39-1／TEL：075-701-8110／営業時間：10：00〜22：00／定休日：無休／オープン日：1993年11月／イートイン可

map.P105_②

ÉCLAIR COLLECTION

agréable エクレールカフェ
290yen (including tax)

真摯な姿勢で向き合うからこそ
生み出されるストレートな美味しさ

オーナーパティシエの加藤シェフは、京都の和菓子店に生まれ、神戸やフランス、東京の名だたるパティスリーで腕を磨き、満を持して2013年に自らの店をオープンさせたこの道23年の実力派。「フランスの伝統菓子を発信したい」というシェフの思いが伝わる菓子が店頭に並ぶ。エクレール カフェは、まず持ってそのずっしりとした重さに驚く、バゲットのようにパリッとしたシュー生地の中にはたっぷりと詰まったコーヒーの香り漂うカスタードクリーム。しっかりと甘みのあるフォンダンが華を添える。

information

agréable（アグレアーブル）／住所：京都市中京区夷川通高倉東入ル天守町757／TEL：075-231-9005／営業時間：10:00〜20:00／定休日：不定休／オープン日：2013年4月／イートイン不可

map.P107_④

| エクレール キャラメル　**エキュバランス**　324yen (including tax) | ÉCLAIR COLLECTION |

濃厚なクリームが恋しくなったら
迷わず選びたい一本

店の入り口横に取り付けられた黒板には、誕生日のケーキをオーダーした人の名前が書き込まれる。毎日変わるその名前に、地域から愛されていることが伺えるフランスの郷土菓子を扱うパティスリー。店名を冠したガナッシュの「エキュバランス（540円税込）」をはじめ、マカロンなど多くの看板商品を揃える。エクレール キャラメルは表面にアーモンドをのせて限界まで焼き付けた、パリッとした食感と香ばしさが特徴的。中に入っているキャラメルカスタードはしっかりと濃厚。

information

エキュバランス／住所：京都市左京区北白川山田町4-1／TEL：075-723-4444／営業時間：10：00〜19：00（カフェLO／18：00）／定休日：月曜／オープン日：2003年11月／イートイン可

map.P105_②

 ÉCLAIR COLLECTION　　ラ・パティスリー・デ・レーヴ 京都高台寺店　エクレールショコラ
540yen (including tax)

ベールで隠された宝石のよう
"新古典菓子"という新しい表現

パリに本店を構えるこちらは、古くから菓子作りに情熱を傾けてきたフランスより、その原点を顧みつつ新しさを加えた"新古典菓子"を発信する。子どもの頃描いていた夢のように、わくわくする菓子が並ぶが、味わいはフランスの伝統を感じられるしっかりとした作り。エクレールショコラは、上部にクリスティアンをのせカリカリとした食感のシュー生地の中に、ショコラのクレームパティシエールが詰められている。エクレアを覆うのはブラックチョコレート。隠し味の塩が甘みを引き立てる。

information
ラ・パティスリー・デ・レーヴ 京都高台寺店(ラ・パティスリー・デ・レーヴ きょうとこうだいじてん)／住所：京都市東山区高台寺北門前通下河原東入ル鷲尾町518／TEL：075-533-7041／営業時間：11：00〜18：00／定休日：第3火曜／オープン日：2012年9月／イートイン可
map.P106_③

OMOTENASHI KYOTO

area
京都広域

no.
MAP1

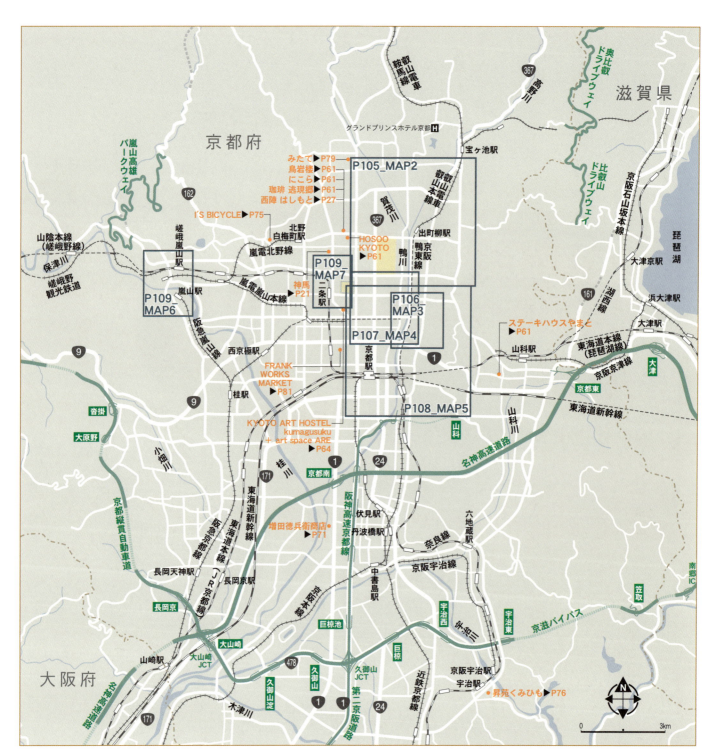

OMOTENASHI KYOTO

area
北山〜丸太町

no.
MAP2

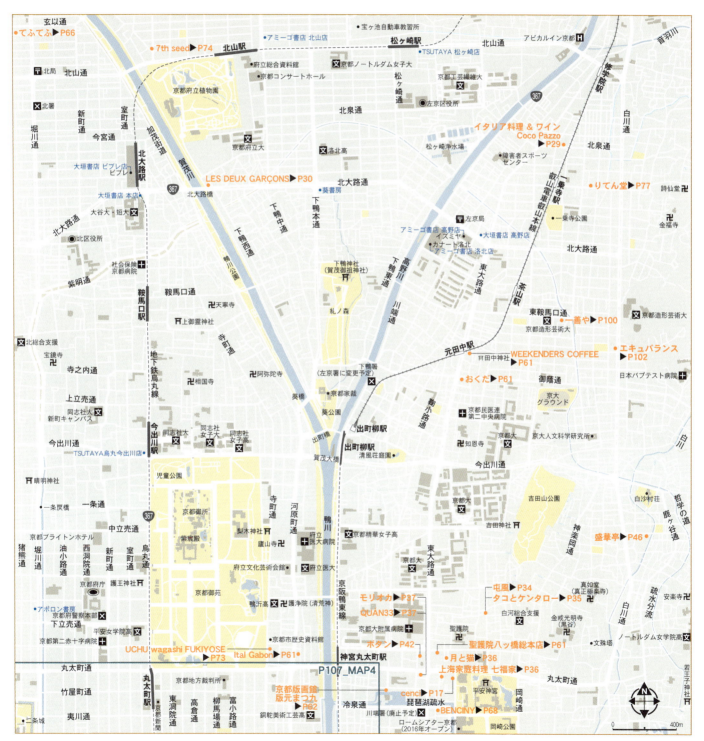

OMOTENASHI KYOTO

area

祇園・東山

no.

MAP3

area

丸太町〜五条

no.

MAP4

area

京都市南部

no.

MAP5

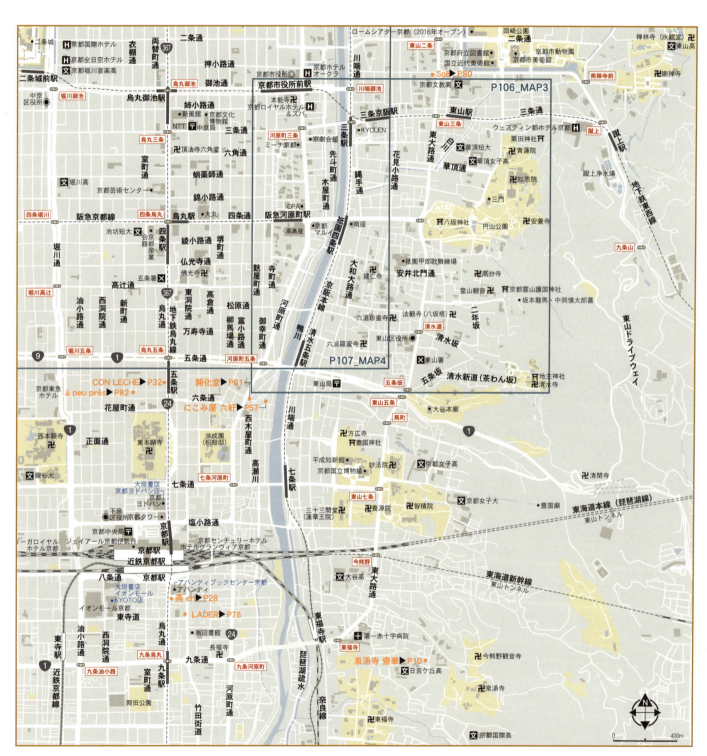

area

嵐山・二条城

no.

MAP6・7

OMOTENASHI KYOTO

MAP7 二条城

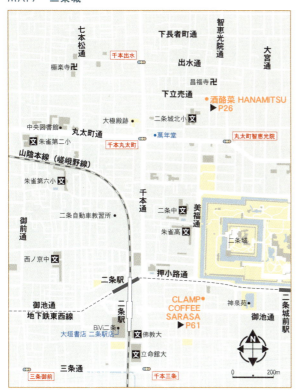

MAP6 嵐山

INDEX

月と猫 -- 36

TEA VENIR -- 47

鉄板 Dining 祇園 翔 --------------------------------- 59

てふてふ --- 66

Deux Cochons --------------------------------------- 90

屯風 -- 34

な

にこみ 鈴や -- 58

にこみ屋 六軒 -- 57

錦 魚河岸千両 --------------------------------------- 45

西陣 はしもと -- 27

二条 椿 --- 8

日本料理 京甲屋 ------------------------------------- 84

日本料理 さかい --- 20

は

馬耳東風 -- 54

発酵食堂カモシカ ------------------------------------ 55

ピエール・エルメ・パリ ブティック ---------------- 67

秀蛸 -- 98

伏見 -- 49

FRANK WORKS MARKET --------------------------81

別館 bar K 家 -- 88

BENCINY--- 68

HOSOO KYOTO ---61

ボタン--- 42

ま

増田徳兵衞商店 -------------------------------------71

みたて --- 79

三芳 --14

もしも屋 --53

モリオカ --- 37

や

山口西店 -- 52

遊亀 祇園店 ---18

吉田屋料理店 -- 33

ら

LADER --- 78

ラ・パティスリー・デ・レーヴ 京都高台寺店 ----- 103

RIGOLETTO SMOKE GRILL & BAR ------------- 25

りてん堂 -- 77

RYORIYA STEPHAN PANTEL ---------------------- 50

LES DEUX GARÇONS --------------------------- 30

わ

和風肉料理 藤むら ------------------------------------19

SPECIAL THANKS

P66、P73春日盆店主私物
P69大正時代の漆塗木皿500円、P70明治～大正印判中皿500円、P100印判色絵皿3000円、P101江戸後期伊万里焼の長皿1万円、P102瑠璃の皿1万円、P103銀メッキのティーセット1万4000円／以上、アンティークベル　京都市中京区姉小路通御幸町東入丸屋町334 TEL：075-212-7668　http://antiquebelle.com　map.P107_④

P72青い皿／陶芸家　石井啓一　http://teto-net.com

INDEX

あ

I'S BICYCLE ---------------------------------75

agréable ------------------------------------ 101

あだち家 ------------------------------------ 56

à peu près ---------------------------------- 82

一善や -------------------------------------- 100

イタリア料理 & ワイン Coco Pazzo ------------- 29

UCHU wagashi FUKIYOSE ---------------------73

エキュバランス ------------------------------- 102

夷川 燕楽 ----------------------------------- 40

燕 en --------------------------------------- 28

OIL ---91

御食事処乃 福松 -----------------------------15

Osteria Coccinella -------------------------- 22

御料理 辰むら ------------------------------- 86

御料理 たまりや -----------------------------16

か

開化堂 --------------------------------------61

釜めし割烹 あげ半 --------------------------- 24

亀末廣 -------------------------------------- 72

神奈比 -------------------------------------- 95

祇園 葵 ------------------------------------- 94

GION TAMAUSAGI --------------------------- 96

ぎょうざ歩兵 -------------------------------- 97

KYOTO ART HOSTEL kumagusuku + art space ARE - 64

京都祇園 天ぷら八坂圓堂 --------------------- 48

京都版画館 版元まつ九 ----------------------- 62

京・錦 田中鶏卵 ----------------------------- 70

ぎをん まとゐ鮨 ----------------------------- 99

ぎをん遠藤 ----------------------------------12

QUÁN33 ------------------------------------ 37

燻製と地ビール 和知 ------------------------- 38

公長齋小菅 京都本店 ------------------------- 60

CON LECHE --------------------------------- 32

さ

サロン ド ロワイヤル京都 --------------------- 69

紫鳳 --------------------------------------- 92

上海家庭料理 七福家 ------------------------- 36

寿海 府庁前店 ------------------------------- 44

酒酪菜 HANAMITSU --------------------------- 26

しゅん逢 紗々木 ----------------------------- 87

昇苑くみひも -------------------------------- 76

聖護院八ッ橋総本店 --------------------------61

食堂おがわ ---------------------------------- 60

神馬 --21

盛華亭 -------------------------------------- 46

7th seed ------------------------------------74

泉涌寺 齋華 --------------------------------- 10

Soil -- 80

た

タコとケンタロー ---------------------------- 35

cenci ---------------------------------------17

チャイナテラス 桃李 ------------------------- 43

おもてなし 京都

2015年3月 3日第一刷発行
2015年3月13日第二刷発行
定価／本体924円＋税

表紙デザイン／大西真平
表紙写真／山田薫

発行者
中西真也

編集・発行
株式会社 リーフ・パブリケーションズ
〒604-8172
京都市中京区烏丸通三条上ル メディナ烏丸御池 4F
TEL.075・255・7263 ／ FAX.075・255・7621
http://www.leafkyoto.net/
info@leafkyoto.co.jp

STAFF

EDITOR
シクタス・ブックス（萩永麻由加、渡辺裕子）

CIRCULATING-SECTION
塚腰亜友美、福富香織、室信行

ACCOUNTING-SECTION
長谷川亘

AD STAFF
細田光範

ART DIRECTION, DESIGN, ILLUSTRATION
大西真平

PHOTOGRAPHER
山田薫、濱田晋、夏見タカ、中島光行、松村シナ
石本正人、桂秀也、木村有希、鈴木誠一、高見尊裕、ハリー中西、三國賢一

MAP DESIGN
データ・アトラス株式会社

PRINTING
図書印刷株式会社

© 株式会社リーフ・パブリケーションズ 2015 Printed in Japan
ISBN 978-4-908070-09-9 C0076

※落丁・乱丁はお取り替え致します。
※本誌掲載の写真・イラスト・地図及び記事の無断転載を禁じます。

Leaf MOOK・書籍案内

気になる本があれば、お近くの書店で注文してください！
■京都の情報が盛りだくさん！

「京都・滋賀 みんなで楽しい青空遊び」
924円（税別）

「京都・滋賀 眺めのいい店」
924円（税別）

「Men's Leaf」
815円（税別）

「京都個室のあるお店」
924円（税別）

「おいしい！ たのしい！ 亀岡 福知山 綾部」
924円（税別）

「FM802DJが行く おいしい店140軒 食べたい、行きたい、Funky グルメ」
924円（税別）

Leaf MOOK・書籍の購入方法

Leaf MOOK・書籍はお近くの書店でもお申し込みいただけます。
（※一部受付できない書店もございますので、予めご了承ください）
「近所に Leaf MOOK が買える書店がない」という方には Leaf から郵送します。ご希望の MOOK を明記の上、郵便切手または現金書留で下記の本代と送料をお送りください。到着次第すぐにお送りさせていただきます。（※お手元に届くのに、約1週間〜10日かかります。また、在庫切れの場合もございますのでご了承ください）

郵送の場合の宛先
〒604-8172
京都市中京区烏丸通三条上ル
メディナ烏丸御池4F
「Leaf MOOK」係

■送料について
送料は本代（※MOOKによって異なります）＋送料150円です。2冊以上の送料は、冊数×150円となります。

もっと京都を知りたい人におすすめ！ 月刊誌Leaf 年間定期購読のご案内

毎月、京都・滋賀の旬の情報を網羅した『Leaf』。買いそびれないためにも、毎月確実にお手元に届く定期購読をおすすめします！
年間購読料（1年間12冊分）定価500円×12ヶ月＝6000円（送料はかかりません！）
■お問い合わせ Leaf販売部 TEL.075・255・7263

お申し込み方法

1.直接申し込みの場合
現金書留にて、合計金額6000円と、住所、氏名、年齢、電話番号、ご希望の開始月を明記の上、下記住所までお送りください。

〒604-8172
京都市中京区烏丸通三条上ル　メディナ烏丸御池4F
株式会社リーフ・パブリケーションズ　定期購読係

2.FAXにて申し込みの場合（銀行振込にてお支払）
FAXにてお申し込みの後、こちらから振込先をFAXにてお知らせします。振込が確認でき次第、本誌をお送りします。入金確認に少し時間がかかりますので、お手元に届くのが遅れますがご了承ください。
FAX.075・255・7621